跟着孔子游列国

张瑞丰 等著

ZHEJIANG UNIVERSITY PRESS
浙江大学出版社

图书在版编目（CIP）数据

跟着孔子游列国 / 张瑞丰等著. — 杭州 : 浙江大学出版社，2018.8
ISBN 978-7-308-17688-0

Ⅰ．①跟… Ⅱ．①张… Ⅲ．①中国历史－春秋时代－通俗读物②旅游指南－中国 Ⅳ．①K225.09②K928.9

中国版本图书馆CIP数据核字(2017)第298629号

跟着孔子游列国
张瑞丰　等著

策　　划	杭州必有方文化创意有限公司
主　　编	大漠戈
责任编辑	谢　焕
封面设计	城色设计
责任校对	杨利军　闻晓虹
出版发行	浙江大学出版社
	（杭州市天目山路148号　邮政编码 310007）
	（网址：http://www.zjupress.com）
排　　版	杭州林智广告有限公司
印　　刷	杭州钱江彩色印务有限公司
开　　本	880mm×1230mm　1/32
印　　张	10.375
字　　数	160千
版 印 次	2018年8月第1版　2018年8月第1次印刷
书　　号	ISBN 978-7-308-17688-0
定　　价	48.00元

版权所有　翻印必究　　印装差错　负责调换
浙江大学出版社发行中心联系方式：0571-88925591；http://zjdxcbs.tmall.com

目录

孔子的身世与生活的时代

『山不在高，有仙则名；水不在深，有龙则灵。』相较于今天那些因佛道而成名的名山，孔子背后的这座山丘，则完完全全是依托孔子一个凡人的力量而为人所知的。而今的尼山，只残存着遍及全山的古树和古朴的纪念建筑，似乎已经渐渐被急于求利的游人所淡忘，蜕变成一个书本和记忆里的文化符号。然而，谁也不可否认，这座山丘，是孔子以及他身后广博的儒学，最先开始的地方。

宋地寻根

古今流变

商丘这座城，大抵永远都是这样熙熙攘攘、车马不息。

千年前，王者们叱咤风云、端详着太平盛世；一旦大厦将倾、群雄逐鹿，将士们随即兵戈相见，又成为新时代的主人。静动之间，更迭变幻。

千年之后，王侯将相早已成为过往，当列车的呼啸取代了曾经车马的拥堵，商丘传至今人这里，成了现代交通的代名词。京九铁路与陇海铁路、310 国道与 105 国道、连霍高速与济广高速，构成这个现代城市最为骄傲的黄金"米字形"骨架，从而使其在这个追求速度的时代占据重要地位。

但不管怎样，不论是古时的政治中心，还是现代的交通枢纽，商丘这座城市，在古今的流变之中，永远是热闹的。正因如此，你既可以在这座城市寻找到古代的遗存，也可以享受到来自一个现代都市的便利。作为河南最东边的地级市，商丘与开封相连，由此构成的豫东文化圈则是中国重要的文明发源地之一。从传说时代的燧人氏、炎帝朱襄氏、颛顼、帝喾等三皇五帝，再到夏商两代，这里都是当时的政治中心，后来洛阳地位不断抬升，商丘周围与之前相比黯淡许多，直至宋代又重新显露。单单是商丘，便享有"三商之源·华商之都""汉兴之地""两宋龙潜之地"等称呼，足可见豫东地区人文历史之璀璨。

商丘古城是商丘文化历史的微缩，是现代人重新洞察这个千年古都的重要渠道，也是到商丘不得不去探访的重要景观。古城为明代旧址，因此城墙内部多是近代建筑；古城外围，各个文化层相互叠压，散布各处。

如今的城市，无不是由钢筋水泥铸造而成，流水线一般的建筑过程最终导致了城市与城市之间的相似与雷同，商丘位于城市发展的汇合处，自然也不例外。外地人来到一处地方，若想体味城市文化，一是看古迹，二便是小吃。中国人对饮食总是有种莫名的情愫，或许只有舌尖上这样最为紧密的接触和体会，才终会令人念念不忘。而商丘这样一个中原帝都，文化鼎盛，小吃更是凝聚着中原特色。河南人好面食，普普通通的白面，便可变幻万千。商丘人喜欢将面食与羊肉搭配，热乎的高炉烧饼夹几片当地的垛子羊肉自是美味；或者将主食馒头切成细条，先用热水沁透，后炸至金黄，再用冷糖水激成，配上一碗利民羊肉汤，便是商丘街头最普遍的小吃了。除此之外，小米也是中原人热爱的主食之一。这种古老的食物质地松散、不易成形，因此多熬成粥。这些总能被聪明的中原人所利用，商丘哨子汤闻名，原料便是小米，其味鲜美可口、余味绵长。

古今流变，催生出一个新旧并行、五彩斑斓的商丘。

商丘

5

商丘·微子祠

地址：河南省商丘市睢阳区路河乡
交通：商丘火车站出发坐3路公交车，到古
　　　城汽车站再坐商丘到勒马的公交
门票：免费
文保等级：商丘市重点文物保护单位
推荐评级：★★

中国人喜欢寻根问祖。孔子的根，在宋国。

进入河南东部的商丘城，就到了春秋宋国疆界的核心地域了。宋国之于春秋，没有秦晋齐楚的显赫，也没有诸如陈蔡鲁卫等的隐忍，但作为大国，曾一度代齐而成为霸主。然而宋襄公又胸无远略、空行仁义，终被别国所欺。敬之者尊其为春秋最后的君子之国，毁之者则贬其为不懂变通的无能之徒。

这样一个饱受争议又一再维护中庸的诸侯，其开创者，还是商代的王室后裔。武王伐纣之后并没有彻底摧毁殷商旧族，而是将商纣之子武庚封在故地，并派管叔、蔡叔进行监视。可是计划赶不上变化，后来武王幼子成王继位，管叔、蔡叔趁机联合武庚谋反，被掌权者周公平定。而后周公另立商纣王的长兄微子启为宋地的诸侯，定都商丘。正因如此，商末三仁之中，比干掏心，箕子佯装疯癫，最后东渡朝鲜远离故土，最终也只有微子避难封地，侥幸繁衍，在中原故地上延续着殷商的血脉根基。

商丘市睢阳区境内位于商丘古城南 15 千米的青岗寺村旁建有一处微子祠，以纪念这位宋国的开国之君。祠堂始建于唐天宝年间，多次被毁坏，又多次重修。微子祠、先贤堂和微子墓，三个简简单单的旧式院落，浓缩着家、国、民相联系的时代壮歌。"官箴三命凛，家学一经传"，这是康熙皇帝赐祠之联。铿锵有力，是谓为官治家之道也。2009 年 3 月 30 日，亲民党主席宋楚瑜和夫人陈万水及参访团一行抵达商丘，到微子祠拜谒宋氏祖先，并为微子祠题词："敬天法祖，慎终追远。宋门家训，忠孝节义。"

如果说康熙皇帝评价的是微子一生为人为官的智慧并加以赞赏的话，宋楚瑜的题词则更多是其身为宋姓之人对于祖先的追思和缅怀。

微子祠

微子祠始建于唐天宝年间，后经历代毁坏，历代重修，在明万历年间形成了大致的规模。新中国成立初期因种种原因而遭到拆除。2000年，印度尼西亚华侨宋良浩先生寻根谒祖，捐资400余万元重修微子祠，从而形成了我们现在所见祠堂的状况。

微子祠是景区的大的总称，其内在包括了微子祠、先贤堂、微子墓三部分。微子祠居中，祠堂遵循传统的构造结构，过厅、照壁、东西厢房，一应俱全，祠堂内供奉香炉，成为纪念微子、祭拜宋氏祖先的重要场所。

东侧是先贤堂，大殿内供奉着宋氏先祖的牌位。两侧有碑廊。西侧为微子墓，松柏深深，古意尽然。

2009年3月30日，亲民党主席宋楚瑜和夫人陈万水及参访团一行人抵达商丘微子祠，作为一名宋氏子孙前来拜谒，宋楚瑜更是亲自为微子祠题下这样的题词："敬天法祖，慎终追远。宋门家训，忠孝节义。"象征着宋氏严谨的家风和传延千载的文明。而作为远近闻名的人文古迹和宋氏文化的聚集地，微子祠也被评选为商丘市重点文物保护单位，其修缮和宣传工作也不断创新发展。

夏邑·孔子还乡祠

地址：河南省商丘市夏邑县城北7千米的王
公楼村

交通：商丘火车站出发坐公交303路王三环
路口站换夏邑108路王刘店站下

门票：5元

文保等级：河南省第五批重点文物保护单位

推荐评级：★★★

　　若真要探究孔子与宋地的联系，就要上溯到宋国的
第一代开国王侯——商王朝的后裔微子。

　　微子是宋国的开国之主，子氏后人由王室转变为
诸侯。后传四世至潣公，潣公的长子为弗父何，这便
是孔子一脉的始祖。潣公没有遵循当时盛行着的"父
死子继"的制度，而是按商王朝"兄终弟及"的古老

习俗，将君位传授于弟弟。结果滑公的次子鲋祀弑杀了叔父，想要兄长弗父何继位，弗父何不断推让，最终成了辅佐宋王的公卿。

弗父何一族世代相宋，可谓是为宋国的江山鞠躬尽瘁了。到了七世祖大司马孔父嘉时，宋国太宰华督想要霸占孔父嘉漂亮的妻子，于是制造舆论，说宋殇公是听了孔父嘉的谗言才频繁发动战争的，并以此为借口杀了孔父嘉，然后娶其妻。孔父嘉不幸蒙难，只留下幼子木金父，后木金父之孙孔防叔随家臣奔鲁，并在鲁定居。传说孔父嘉被害后，因其字曰"孔父"，后人就以字为氏，看作是孔氏的由来，如今孔子一脉的孔姓，大致可以追溯至此。

据说孔子先祖在宋国的聚居地，在今天的河南省商丘市管辖下的夏邑县内。根据《礼经》和《孔子家语》里面的记载，孔子成年后就曾多次回故里宋国考察殷礼，并且时常回祖籍夏邑去祭祖扫墓。孔子在夏邑祀祖省墓之时便把这个地方叫作"还乡里"，孔子之后，后人追思文圣，便在当地立祠纪念，顺圣人之意而取名曰"还乡祠"。

还乡祠的形制基本上与曲阜的孔庙相仿，坐北朝南，建筑都是沿着中轴线依次排列，左右两侧基本对称，有一壁、一坛、两殿、四门及碑林等，金代又在大成殿前立杏坛碑。孔子学说被奉为正统，曲阜之外，中国各地都兴建孔庙。但除了曲阜文庙之外，也只有这片故土，让圣人魂牵，令今人梦萦。

岁月无情的变迁，天灾人祸，都会施加于尘土与木头之上。古黄河的泛滥、战乱的频繁、政治的挤压，造成了文物的损失。但历史的重量不仅体现于形体的完好，它更多的意义在于精神与文化的传承。建筑可以被破坏，精神却无法被毁灭。而今呈现在世人眼前的，是一座崭新的祠庙。屹立于祠堂门前的巨型孔子铜像，成为今日还乡祠的重要标志。

周代人尊崇的是等级分明的宗法制，即一个宗族里只有大宗才可以祭祀始祖。作为宋王室的分支，按照这个规定，孔子这一脉，大可以追溯至弗父何时期。作为宋王长子的弗父何并没有卷入权力争夺的漩涡，反而卓尔不群、急流勇退，由一个寄养深宫的王子彻彻底底地变为辅佐宋王的卿大夫，完成了由政客到贤人的华丽变身。到了正考父之时，佐三代宋王，却恭谦节俭，一次比一次恭谨，后来为了惕厉自儆、教训子孙，他还特意在家庙铸鼎铭文，作为家训。家风、家训这类东西，是先人处世之道，更是后代赖以生存繁衍的制胜法则。孔子抚摸着自己的子嗣血脉，面对着祠堂里的先圣，真该是有些"自负"吧！弃纣归周、开创宋国的是他的始祖，远离争斗、忠心辅佐的是他的先祖，他的家族，为家、为国，乃至为天下，都默默扮演着"周公吐哺"式的角色，传到他这里，也应该这样吧！中国自上古以来就有这样的传统：祖先的事业，理应后代子孙去继承，像上古时期的官职，基本上也都是父死子继。从某种程度来说，孔子之所以后来不断奔波、呼吁，或许与这一段往事有着一些特殊的关系吧。其为实现自己的施政纲领而周游列国，这一再被弃置、一再奔波的十四年，也许在个人理想之外，亦是对先辈的回馈与祭奠。

孔子周游列国是面对先祖的使命，更是留给后世的财富。

春秋时期，人们的姓氏意识普遍不强，姓与氏被分割得很厉害，即使是在古人的名字中，也很难显示自己的姓氏。当时人们习惯将自己的字和名连在一起，作为对自己的称呼。虽然人们大致同意孔子的先祖是从孔父嘉时期开始以"孔"为氏，但直到孔子这一代，在其名号中也没有特别显现出来。倒是在孔子之后，由于孔子在列国之间的影响，才真正将"孔"列入子孙的名号之中，孔鲤、孔伋、孔白……这一定会让孔子感到欣慰吧。

孔子还乡祠

　　还乡祠即为孔夫子的家乡之地。孔子祖先是宋国人，孔子还乡祠也正位于宋国故地——今河南省商丘市夏邑县城北 7 千米的王公楼村一带。

　　据相关史料记载，宋国发生内乱，孔子的曾祖孔防叔为逃避灾乱，往东逃亡到达鲁国，从此这一支便在鲁地扎根定居。孔子成人以后时常回到祖籍之地去祭祖省亲，缅怀祖先。也因为这个缘故，孔子把这个地方叫作"还乡里"，后人思而立祠以祀之，因而取名"还乡祠"。

　　祠堂始建于唐初，其形制仿孔庙，坐北朝南，有一壁、一坛、两殿、四门及碑林等。宋真宗时期，孔子第四十五代孙孔良辅、孔彦辅由曲阜到此定居，在这个时期对孔子还乡祠进行了大规模的修复扩建。清道光元年，又增建了崇圣祠。

　　全祠占地 50 亩，有围墙、四门，南门处有一影壁墙，院中一坛，前后有两个大殿，内设孔子像及七十二贤像和孔子的先祖、历代儒学名家的牌位。东西两侧有厢房，院内还有碑林碑刻。孔子一生奔波漂泊，还乡祠难以成为孔子的归宿，而仅是其行程中的一个过站。

13

商丘·宋国故城

地址：河南省商丘市睢阳区旧商丘县城南
交通：商丘火车站出发坐9路公交车至华商西路站下
门票：免费
文保等级：全国重点文物保护单位
推荐评级：★★★

从严格意义上来讲，宋国其实是孔子这位"万世先师"的母国。从公元前 1040 年微子赴宋开国到公元前 286 年国土最终被齐、楚、魏联手瓜分，宋国共存在了 754 年。昔日的都城商丘，历来都是兵家必争之地，时至今日，京九线和陇海线在这里交汇，这里已经发展成为中国中原地区的著名铁路枢纽。然而，在现代化的光鲜之下，这里掩藏着来自两千多年前的

14

萧瑟古意。其实，早在宋国前，商丘已是华夏文明的重要发祥地。在旧石器时代，燧人氏在这里发明了人工取火；新石器时期的炎帝、颛顼、帝喾等都先后在此建都；夏商时期，这里更是政治的中心地段。日积月累的风尘，结成了商丘厚厚的文化层，但相较其各处故城的喧嚣，宋国故城倒是显得喑哑而安宁。

在睢阳区旧商丘县城南，仍可看到宋王国留下的旧有城址。其实更精确来说，那是一座跨越周、秦、汉三代的古城址：微子受封，土木堆叠，一座城池就这样拔地而起。至汉文帝前元十二年（公元前 168 年）封窦皇后少子刘武为梁王，在宋城旧址之上建都筑梁苑，从而使宋城焕发了第二春。宋国的古城墙，犹如历史的旁观者，见证着这一段糅合着战乱、利益，却又空前变革、空前恢宏的传奇。城市是我们今天对一座城的叫法，其实直到唐末以前，市都没有成熟起来，这时城的经济功能不大，多以军事政治功能为主，因此城墙就被看作是一座城池最为重要的组成部分之一，市集倒仅仅只是附庸。按照现在考古的标准来看，宋国故城西墙的大部分以及南墙和北墙的西段保存比较完好，仍可依稀看出春秋战乱时留下来的裂痕。

商丘商丘，商之土丘。相传商人的祖先阏伯，也就是我们熟识的"契"，他的墓丘便留于此，故名商丘。阏伯是帝喾的儿子，更是中国最早一批天文学家之一，被封为火正，因此又被称为火神。据传早在尧舜之时，阏伯便参照火星（又称"大火星"，或直接称为"火"）建立历法，同时在自己封地之中筑台观察星辰，用来测定一年的自然变化，估测年成的好坏，这就是现代商丘城的标志性建筑——阏伯台。无独有偶，就在离阏伯台不远的地方，相传埋葬着上古时期另一位使用火的先祖——燧人氏。"钻木取火，以化腥臊"，火是文明的使者，是人类迈向文明的最为关键的门槛。中华文明上下近五千年的分分合合，或是发展上升，或是停滞不前，从某种程度上来说，这是一把火点燃的五千年。

宋国故城

　　宋国是春秋时期的一个重要
诸侯国，在公元前 11 世纪建国，
都城在今商丘。相比于周初分封
的其他侯国，宋国无疑还有一个
特殊的身份，那便是周王室的死
敌——殷商王族的继承者。武王
伐纣，帝辛自焚，在平定天下之
后，武王封微子为宋国国君，同
时又依靠自己兄弟的力量把宋国
疆域死死包围，从而避免殷商王
族的东山再起。宋国都城的遗址
便位于今睢阳区旧商丘县城南。
近 3000 年的历史风霜，当年的
辉煌或黯淡也随尘土远去，而今
的宋国故城，在保留原址的基础
上，利用现代的科学技术进行复
原和保护，使得往来的游客可以
重回那个古老的时代，再睹春秋
古国的容貌。

民权·葵丘会盟台

地址：河南省商丘市民权县城东17.5千米，
　　　黄河故道北岸
交通：坐出租车或自驾前往
门票：免费
文保等级：商丘市重点文物保护单位
推荐评级：★★

　　微子开创的宋国，建于故土之上，不知是否考虑到祖先的荫庇？宋国共历35代君主，人们最熟识的，是那个最不像霸主的霸主——宋襄公兹甫。说他是春秋霸主，却又一直存疑。支持宋襄公的最有名者是写就《史记》的太史令司马迁，而在《荀子》《辞通》等著作中，则把宋公排除在"五霸"之外。他被评选为霸主，也是因为襄公在霸主齐桓公死后引发的宫廷内乱中，辅助齐国太子昭归齐称王，并没有通过国力而与列国一较高下，这样的"称霸"，自然不能令诸侯信服。于是，居于南方、一鸣惊人的楚王，便按捺不住野心，最终剑指中原，争夺霸业，这便是宋楚之间赫赫有名的泓之战。古泓水位于现在的河南柘城，处于宋国的边境之内。起先，襄公还是占据主要优势的，其实他早早便做好战争的准备工作，宋大司马公孙固鉴于敌强我弱的局势，建议国君应该把握战机，在楚军渡到河中间时打对手一个措手不及，但是却被宋襄公断然拒绝。

"君子不重伤，不禽二毛。古之为军也，不以阻隘也。寡人虽亡国之余，不鼓不成列。"

这是襄公怀抱的被当时人看作乌托邦式的"仁义"幻想，这在后来受到了历代军事家、政治家的诟病。宋楚泓之战后，襄公并没有实现他重振商王室的理想，反而被箭射中大腿，最后伤病复发、郁郁而终。这个有心无力的"霸主"，没能挽救商宋王国的命运，宋国此后愈加式微，只留给后世星星点点的回忆。

襄公其人，的的确确不是当霸主的材料。他所施行的仁义，在春秋的政局之上，总显得那样的不合时宜、格格不入，从而给后世留下了一个泥古不化、不知进退的庸主匹夫的形象。然而，从另一个角度考虑，宋襄公的失败，也许是一个彻彻底底的君子的失败，是一个追求进取、追求利益的时代对上古贤世的反思。

有人说，襄公的败、襄公的愚，来自他对君子、对贤人的笃信。翻阅史书，不难看出，在列国参与的各种事情上，襄公总是在扮演着长者式的角色，"葵丘会盟"就是其中之一。

　　按史书记载，"春秋五霸"，以齐桓公最盛；齐桓公九合诸侯，以葵丘之会最盛。

　　公元前651年，齐桓公在葵丘大会诸侯，参加会盟的有齐、鲁、宋、卫、郑、许、曹等国的国君，周襄王作为名义上的天下之主，也派了代表参加。齐桓公曾多次召集诸侯会盟，而葵丘则是其中最盛大的一次，它标志着齐桓公的霸业达到顶峰，桓公从此成为中原大地上的首位霸主。

　　桓公意气风发，代表诸侯各国宣读了共同遵守的盟约。其主要内容有五条：不准把祸水引向别国；不准因别国灾荒而不卖给粮食；不准更换太子；不准以妾代妻；不准让妇女参与国家大事。这些条约，看似"尊王攘夷"，协助天子厘定诸侯之间的准则制度，实则让齐桓公成为大小诸侯的"老大哥"，周天子的名号名存实亡。

　　宋襄公也是参与会盟的诸侯之一。在葵丘之会上，宋襄公接受盟约的同时还接受了齐桓公委托他照顾齐国太子昭（后来的齐孝公）的嘱托，答应将来对太子昭予以照应。

如今的葵丘台遗址，位于民权县城东黄河故道的北岸，三面环水、林木葱郁、景色秀丽。但现在这里已无法复原两千年前桓公聚集诸侯、规划天下的盛事，只留下一座陈旧的古庙宇。这座庙宇于 1984 年在日本人井上靖的资助下得以重修。井上靖是日本著名的作家、诗人和社会活动家，他的小说《猎枪》《斗牛》等都名噪文坛，影响甚广。井上靖一生曾多次访问中国，有着很深的中国文化情结，并且曾写作长篇小说《孔子》。据说井上靖先生七十岁读《论语》时为其折服，在他八十岁高龄时，决心写一部关于孔子的纯文学小说，为此他先后六次来到中国河南考察，他对这座葵丘台遗址的资助，也许正是在这一时期完成的吧。从这个意义来看，这是一位耄耋之年的学者对文化的敬仰、对历史的尊重，在学者的世界里，文化这种东西，早已超越国界，扎根于心。

当日葵丘的盟誓，不过是各国短期的利益共识，几年之后，或许真正留下来的，正如葵丘的故址一般，寥寥无几。有一件事别人也许都忘了，然而宋襄公这位不合时宜的君子，却并没有忘怀。事实证明，他履行了对桓公的承诺。周襄王九年（公元前 643 年），霸主齐桓公病逝，桓公末期对国政的不加管束引发了齐国内部的叛乱，太子昭在仓促之下逃到宋国，向襄公求救。第二年，宋襄公便向各国发出通告，请诸侯共同护送昭回齐国接君位。由于宋国国力的积弱，最后也只有卫、曹、邾相近的三个小国派了些人马过来。宋襄公正是率领着这四国临时拼凑出来的军队，保护公子昭回国，公子昭就是齐孝公。

当然，我们无法推测宋襄公在纯粹的仁义之外的种种谋划。然而我们应该在对襄公的无能的否定之外肯定一些他对仁义的向往，虽然这更多的是一种偏执。从助齐太子归国，到不带兵卒前去会盟，结果被楚所擒，到最后的泓之战的败局，从一个方面来说，这是宋襄公个人的悲哀：天下大事，分分合合，又怎能空怀霸业之心，却无视眼前之局势，不做霸业之举呢？然而从另一个方面来看，襄公无错，变的是时代：此时的天下，早已是礼乐崩、伦理坏，为利而来、为利而往。"国家大事，在祀与戎"，这是当时对战争的看法：与祀对等，神圣而荣光；而兵家所谓的计谋之术，重在结果的胜利，至于手段，则是于礼难容。这也许是道德观的一去不复返。

时间过去不久，与襄公同宗族的孔子，似乎也发出了同样的慨叹。

子曰："周监于二代，郁郁乎文哉！吾从周。"

也许春秋战国的变革，得的是现实的强盛，失去的，则是虚无的道德人心。列国的君主，如嬴政，兢兢业业、变革图治，得以九合诸侯、一匡天下，是谓

"帝统"。然而，帝业难守，朝堂一变再变，倒是孔子及其他的思考者，静下心来，扪心自问，构建出一整套关于道德伦理的体系，成为中国的"道统"，一直追随着时间与历史，形成了中华的主流、民心的主导。在接下来的两千余年，直至今日，熠熠生辉。

孔子的根，就在商丘。

这个孔子的祖先曾居住的故城，成了整个故事最先开始的地方。微子受封，土木堆叠，一座城池就这样拔地而起。孔子的祖先曾在其中生活、繁衍，作为世卿贵族度过长长的时光，直到孔子曾祖避祸奔鲁，一路颠簸、流离。动乱与和平交织，得利与苦难并存。这些故事，孔子是没有亲眼看见过的。成年后的他，一次次地回顾、一次次地寻找，那块祖先因避祸而离开的土地，就好像有一根绳线拉扯着这个鲁国出生并长大的孩子，拉着他回头流连，系着他的一生所往。孔子也是追着风筝的人。

葵丘会盟旧址

　　葵丘会盟台位于河南商丘，在春秋时期宋国的境内。公元前651年，齐桓公在葵丘大会诸侯，齐、鲁、宋、卫、郑、许、曹等国的国君都前来会盟，连天子周襄王也派了代表参加，并对齐桓公极力表彰。这是齐桓公多次召集诸侯会盟中最盛大的一次，也标志着齐桓公的霸业达到顶峰，齐桓公成为中原的首位霸主。

　　历史已逝，盛景不再，如今取而代之的是一座古朴端庄的寺庙。院子占地20多亩，依河而建，风景优美秀丽。在院子大门内，立有三座石碑，最中间的石碑上刻着"葵丘会盟台遗址"几个大字，彰显着这里曾经的不平凡。而两旁石碑上则刻着历代文人游葵丘留下的诗文。

　　院内设有会盟殿和两座配房。大殿坐北向南，占地335平方米。殿内有齐桓公邀集八国诸侯的彩雕，向后代人展示并诉说着那段历史。

24

尼丘获麟

故里

我们的故事以孔子为中心，回顾孔子一生的旅程步伐，曲阜自然是最值得浓墨重彩的一笔。

"曲阜"作为县名，最早出现在隋开皇十六年（公元596年）。"曲阜在鲁城中，委曲长七八里"，曲阜因鲁国而鼎盛、因孔子而知名，自周代至隋开皇四年（公元584年）诏改为汶阳，曲阜以鲁命名长达833年，而时至今日，鲁文化的标签仍然醒目。这座小城，早已与孔子的故事紧密相连。

现在的曲阜是山东济宁辖区下的一座县级市，占地不足1000平方公里，相比于如今全国知名的大城市，她的城市建设水平不高，但是相比于如今大同小异的发展模式，曲阜却有着独特的地理标签。走进曲阜，游客总能在不经意间感受到这座城市无处不在的孔子文化。先是以孔子相关名号进行命名的各式商家店铺，再到大小旅馆大厅，通常都会树立一尊孔子塑像，更加细心的店家可

25

能也会在房间里摆放几本诸如《论语》《孟子》一类的儒家经典。在曲阜，吃的是孔府家宴，住的是中式装潢，坐的是马车三轮，听孔子往事，游鲁国风情。

除了最负盛名的"三孔"，曲阜还建有现代化的"孔子六艺城"，引导当代人切身走进孔子的故事。与"三孔"作为文物古迹的庄严不同，六艺城作为现代人构造的主题公园，是以孔子所提倡的"礼、乐、射、御、书、数"六艺作为引线，运用高科技手段，汇集成的一座知识与娱乐并存的文化旅游城。特别是在以"御"为主题的展厅中，游客可以乘坐特殊的"牛车"追随孔子两千年前的足迹，亲身体验孔子那个时代的自然或是社会的种种情景，经历一场穿越时空的文化旅行。

如今的曲阜，已是京沪高铁线路上的重要站点，交通的便利，吸引着无数前来感受孔子与鲁国文化的游客。而曲阜身处鲁西南丘陵地区，北与泰安毗邻，游客在饱览众多人文古迹之余，仍可以尽享当地的自然风光。尼山不仅是孔子的诞生地，其"尼山八景"值得一观；而且，石门山、九龙山也可以作为闲暇时不错的天然健身所，天地之间，风景旖旎。

曲阜

27

曲阜·尼山

地址：山东省曲阜市尼山镇
交通：曲阜火车站出发坐曲阜3路或K03路
　　　环线至公安局站下换曲阜K30路至尼
　　　山夫子洞站下
门票：50元
文保等级：AAAA级风景区
推荐评级：★ ★ ★

　　曲阜有座尼山，估计大多数中国人都知道，但鲜有人踏足。

　　从曲阜城东南而出，便进入尼山镇，尼山也就渐渐露出其神秘的面目了。初见尼山的儒学朝圣者们肯定会大失所望——低矮的山峰、繁密的树林，以及被密密的柏树藏匿的小小的纪念庙宇，这样的平凡，甚至被游览过各类名胜的人斥责为俗气，但是，这里却

28

曾孕育了一个伟大的灵魂。尼山因孔子而流芳，孔子又以尼山为命脉。

我们今天所称的尼山，全名叫作尼丘山，据说是为贤者讳，因而将"丘"字渐渐抹掉。相传孔子是他的父母在尼丘山祈祷而生就的，孔子名丘，字仲尼，估计就是为了纪念此事。当然，民间还有一种说法，说孔子出生的时候，相貌奇丑：头顶形状中间低而四周高，双眼露筋，两耳露轮，朝天鼻，大牙床，"生而圩顶，故因名曰丘云"。而我们今天所看到的历代画家对孔子画像的作品，似乎可以证实这一观点，甚至越丑的孔子画像，反而越受到老百姓的认可。孔子作为中国人的教育宗师，就算真的是样貌丑陋无比，百姓们也不能这样高调地扬其丑吧？

其实，这种现象在中国历史上并不少见：布衣皇帝朱元璋在即位之后也曾下令画工为他画像，画师们尽自己全力努力表现圣上的威严，然而效果并不令这位传奇皇帝满意，反倒是最后一位画师递交上一张极丑的画像，引起了皇帝的连连称赞。司马迁还写到过大汉王朝的开国皇帝，也就是那个和朱元璋差不多文化水平的刘邦，有着一副龙的面貌，左边大腿上还有七十二颗黑痣。这些在现代人审美观念里估计是不能忍受的东西，却受到老祖宗的推崇。这大概关系到中国传统审美情趣中的一种对极端的偏爱：受人关注的，如果不是翩翩的公子，就是奇特的怪胎。皇帝、圣人这样的思想上的统治者、制高点，其形象当然不能像其他人一样普普通通，湮没于人海之中，反而要用形象的奇特性，说明其成就的不平凡。

无论何种说法，"尼山"二字已经烙下了孔子的痕迹。早在五代后周世宗年间，朝廷便下旨在尼山之上设立庙宇祭奠孔子了。经过一千余年的世代修筑，以尼山孔庙为中心，一系列与孔子、儒学有关的纪念建筑建造了起来，其中以尼山书院最为世人所识。曲阜古城是中国历史上最伟大的教育家的世居之地，在这里建造书院，自然有回溯复兴儒家思想精华的意图在里面。因此，尼山书院便与同在曲阜的洙泗书院、石门书院、春秋书院一起并称为"曲阜四大书院"。书院坐落于孔庙的北侧，古树环绕，相比全国各地的那些规模宏大的孔庙，尼山孔庙和书院少了高不可攀的圣意，多了藏诸名山的治学之气。

尼山之西约 2.5 公里处有一片农家房舍，因村中流淌的泉水为鲁水的源头，故被称作鲁源村。鲁源村，在古代叫作鲁源林，使它真正成名的其实不在于古水，而在于圣人——鲁源鲁源，鲁学之源头。两千多年前那个以思想撼动了他之后的整个中国的文化巨人，便生于斯、长于斯。至今，村中还留有一块近代名人康有为于 1924 年题写的"古昌平乡"石碑，指代的应该就是"孔子生鲁昌平乡陬邑"的历史。

　　"逝者如斯夫，不舍昼夜！"故事中的观川亭也在尼山。亭子位于智源溪、夫子河、张马河、颜母河以及田黄河这五川交汇之处，是元人纪念孔子和《论语》的所在。五川汇流，浩浩汤汤的流水，像极了让人捉摸不着的时光，没有昼夜之囿，也没有空间的桎梏，只是一如既往地、不为人知却自顾自地流逝着。

尼山夫子洞

　　尼山原名尼丘山，历史上记载孔子的父母"祷于尼丘得孔子"，所以孔子名丘，字仲尼，后人避孔子讳，就将这座山称为尼山。

　　山的海拔340余米，不算高，山顶五峰连崿，但事实上唯有中峰被称为尼丘。中峰东麓有孔子庙和尼山书院等建筑物，经过历代的修复，至今仍可以从中感悟孔子以及儒学的古老奥秘；另有五老峰、鲁源林、智源溪、坤灵洞、观川亭、中和壑、文德林、白云洞等景观，构成当地人口中所盛谈的 "尼山八景"。

　　尼山作为孔子出生地，在地理上东临沂河。山上又有孔子庙、尼山神庙、尼山书院，三级建筑组成一个群体，看起来别有一番气势，也是我们研究孔子、重走孔子之路的重要驿站。

32

曲阜·梁公林（孔子父母墓）

地址：山东省曲阜市城东13千米处
交通：曲阜火车站出发曲阜9路或K09路环
　　　线至华能驾校站下换曲阜2路至梁公
　　　林站下
门票：免费
文保等级：山东省重点文物保护单位
推荐评级：★★

　　尼山东面，与之相对的另一座山丘名曰颜母山，为的是纪念孔子之母颜徵在。

　　事实上，颜徵在并不是孔子父亲的嫡妻，也就是说，孔子准确来讲并不是按周礼能够继承父亲产业的孩子。在颜氏嫁入孔门之前，孔子之父叔梁纥已经将近70岁了，并且也有妻子儿子，那么年轻的颜氏为什么要顶着舆论嫁入孔家呢？

此时，孔氏家族迁往鲁国，已经整整过去了五代。相较于宋国衣食无忧、享受尊位的贵族生活，鲁国的孔家，形势早已大不如前。到叔梁纥这一辈更是今非昔比。叔梁纥曾官至陬邑大夫，相当于现在的县级干部，与祖上孔父嘉的部长级别相比，官阶掉得厉害。

但不可否认，叔梁纥身上的贵族气概也使他有着不同于别人的地方。在这个以文为荣、以礼为傲的家族中却成长出这样一员虎将。春秋战国，分分合合，在日复一日的征战中，武将成了这段历史必不可少的明星。叔梁纥的每一次出场，都是那样的精神抖擞、气宇轩昂。最有名的当属《左传·襄公十年》中所记载的叔梁纥"力举城门"的传奇：据说孔子父亲参加了"十三国大战逼阳国"这场春秋时期大名鼎鼎的战役，由于联军中了逼阳军的圈套，不假思索全力进攻。等到逼阳国内城的人突然把闸门放下时，大军便陷入了一片慌乱。而正在全军面临这样一个生死关头时，叔梁纥情急之下竟然徒手撑住城门，把已经攻入城里的将士放出来，为部队的撤出争取了时间，从而使得这支春秋大军不至于颜面扫地、兵败覆没。

孟献子称赞叔梁纥是"有力如虎者"。摒弃那些杜撰夸张的部分，我们起码可以得知，鲁国为官的叔梁纥是个满负勇力、骁勇型的人物。据史籍记载，他博学多识，能文善武，与当时的鲁国名将狄虒弥、孟氏家臣秦堇父合称"鲁国三虎将"。

战场政事上的功成名就，却无法掩饰这位鲁国虎将家庭生活的忧虑。叔梁纥的正妻施氏育有九个女儿，击碎了他有个嫡子的愿望。他的妾所生的唯一一个儿子因足疾而无法成为继承人。对于一生征战沙场、力拔山兮的武士来说，没有一个正常、健壮的儿子，是难以释怀的遗憾。年近古稀的叔梁纥为了寻求补偿，向颜家求婚，希望以此来传承香火。颜父将最小的女儿颜徵在嫁给了他。颜氏也不负所望，在叔梁纥70岁那年，生下了孔子。

有关孔子的出生，《史记》中的说法是孔子是叔梁纥和颜氏"野合"而生的。"野合"两个字，足以引起人们的关注和讨论。《孔子家语》中明确记载叔梁纥亲自到颜氏家里求婚，颜氏是叔梁纥明媒正娶的妻子，但人们联系到叔梁纥死后孔子母子的艰难处境，便会觉得《孔子家语》的记载有失妥当。于是，民间兴起了各式各样的推测，一说孔子其实是叔梁纥的私生子，"野合"实际上暗指野外交配；另一比较无根据的说法则说"野合"其实指感生而孕，孔子其实是神灵托生在颜氏腹中的产物，这一说法显然在故意抬升孔子圣人的地位，只是大家茶余饭后闲聊的话题罢了。

而像司马迁这样熟读儒家经典的儒生，把孔子这样的"偶像"塑造成低人一等的私生子，总让人觉得有碍情理。而今流传最广的说法认为"野合"是指孔子的父母年龄差距过大、不合礼仪的事实。

中国古代礼仪制度中认为结婚生育的合适年龄，男性大致应该在 16 岁至 64 岁之间，女性应该在 14 岁至 49 岁之间。超出这个范围之外便不合礼仪，而孔子的父亲叔梁纥迎娶颜徵在时已经差不多 70 岁，老夫少妻，落在别人眼里，难免指指点点，故称之为"野合"，这也可以解释为什么孔子少年时期生活窘困、受人欺凌了。

古代人的平均寿命不及现代，70 岁已是难得的高龄。孔子 3 岁那年叔梁纥死了，享年 73 岁，葬于防山之阴；而 14 年后，鲁昭公七年（公元前 535 年），在孔子 17 岁的时候，抚养自己、操劳一生的母亲颜徵在也溘然长逝，孔子将母亲的棺椁与父亲合葬在一处。

孔子既得合葬于防，曰："吾闻之，古也墓而不坟。今丘也东西南北之人也，不可以弗识也。"于是封之，崇四尺。

这段话意思大概是说，由于自己是四处奔波的人，为了可以时常回来祭拜父母，便不可不做个标志。于是自孔子以后，在墓上积土立坟便成为一种习俗流传了下来。

在孔子之前，并没有夫妻合葬的先例，孔子此举，也算是开创了礼制的历史先河。此后夫妻合葬不仅具有合法性，也成了纪念夫妻伉俪的佳话。

而叔梁纥和颜徵在作为圣人的父母亲，待遇也是相当优越的。不仅他们的墓地被较好地保存下来，而且在中国的历史长河中，跟随着儿子地位的不断攀升，二人也不断地被官方封上各种封号。这位力大无穷的鲁国武将，甚至也被封王。1008 年，宋真宗追封叔梁纥为"齐国公"，追封颜徵在为"鲁国太夫人"；1331 年，元文宗又加封叔梁纥和颜徵在为"启圣王"和"启圣王夫人"。

曲阜城郊的梁公林，别名启圣王林，便是孔子父母的合葬墓园。墓园中间是叔梁纥和颜氏的合葬墓，孔子的长兄孟皮墓也依偎在其侧。林园历年增扩，香火不断。石彻林墙，古柏森森，在古朴中透露着伟大。

梁公林

梁公林，亦称启圣王林，地址位于山东省曲阜市城东 13 千米处，北靠 327 国道，南倚防山，北临泗水，是孔子父亲叔梁纥同母亲颜徵在的墓地。

由于孔子的关系，林园历年增扩，现占地 20 余亩，景区古柏如虬，老楷成荫，周围石砌林墙，古柏森森，保护得比较完好。内有享殿 3 间，中间为叔梁纥和颜徵在合墓，墓碑篆文"圣考公齐国公墓"，墓前石人、石兽一应俱全。孔子的异母哥哥孟皮墓在孔子父母墓的一侧，碑书"圣兄伯尼墓"。

38

周公吐哺，天下归心

岐山

岐山是周文化的源头。

商末，周部族由彬县、旬邑一带迁至岐山，岐地因此成了周部族的属区。周灭崇后，周文王东迁于丰，岐山周围便交由周公旦和召公奭联合治理。正因如此，岐山拥有中国同类建筑中存世规模最大、形制最完整的周公庙。在周公庙周边，考古人员发现庞大的墓葬群，加之众多甲骨、青铜珍贵陪葬物，使之入选2008年"全国十大考古发现"，被称为"世纪大发现"。其不远处的周原遗址共同构成了今人探寻周文化的重要媒介。

当然，岐山闻名的，还有她的中原味道。陕西美食属西安为最盛，但西安众多的本土美食，发源却在岐山。臊子面、热面皮、锅盔，这些丰富多变的面食，组成了岐山人的日常三餐。岐山人称肉丁为臊子，但要做出一碗真正地道好吃的臊子面，只有浓郁的臊子显然是无法满足这些关中大汉的，黄色蛋皮、黑色木耳、红色胡萝卜、绿色蒜苗、白色豆腐……色彩的绚烂，食材的丰盛，最终演变为味道的厚重，正如同岐山本身的文明历程一般。

公元前 770 年，衰落的周王室最终难以抵御西部犬戎的进攻，只能仓促东迁，岐山在内的周文化地域，转而成为秦地。此后时代演替、辖区变换，岐山的政治地位自然也日渐衰落。周东迁之后，岐山再次受到瞩目，却是因为五丈原。纪念性的诸葛亮庙便是建在岐山县五丈原之上，南依秦岭、北俯渭水、三面临空、艰难险要。巨星陨落于此，曾经的周兴之盛，最终演变成汉衰之哀歌凄婉。

宋代建有太平塔，原是宋代太平寺内的重要建筑。岁月的磨砺，寺院不存，只剩孤塔立于岐山县实验小学内，斑驳古朴，可以一观。

岐山诸葛亮庙

岐山太平塔

41

岐山·周公庙

地址：陕西省宝鸡市岐山县城西北6千米，
　　　凤凰山南
交通：岐山汽车站出发坐周公庙诸葛庙专
　　　线
门票：80元
文保等级：全国重点文物保护单位
推荐评级：★★★★

"有卷者阿，飘风自南"，这是《诗经》中对于岐山周公庙的记述——渭河之畔，关中沃野，这片青山绿水永远记着周公所创的事业。传说周公旦晚年归隐于卷阿，逝世后后人即建祠祭祀，周公庙由此而始。从西周末年蔓延至战国的狼烟，使得原本的建筑面目全非，等到秦汉以后，战乱不再起，政府曾多次命令重修。唐武德元年（公元618年），唐高祖李渊又下诏在卷阿重新创建一座新的周公祠，后世不断增修，最终形成今人所见庙宇的大体形状。

孔子是儒学的创立者，此言不假；但要追溯一下儒学思想的源头，周公当仁不让。

儒家道统之说，古已有之。孟子之时滥觞，他认为孔子之学是上承尧舜、商汤、文王的圣人之说，并且自诩是孔子之后的接班人。此后一千年里，这一正统继承思想并没有引起人们足够的重视，倒是在经历了东汉至南北朝的社会大动荡，受佛道两家的威胁和影响后，中唐之际，被韩愈一行人再度搬上了思想界的舞台，成为一个热门话题，韩文公的《原道》在孟子的基础上又在这个体系中新加了大禹和周公两个角色。特别是周公，韩愈将其定位为转折性的人物：周公之后，从前由君主掌控的道开始逐渐下移，就像荀子所描绘的那样，是"圣人之未得势者"。

周公旦，是历史上赫赫有名的周文王姬昌的第四个儿子，周武王姬发的亲弟。在他的人生道路中，先辅佐武王东伐纣王以平天下，后又保成王制作礼乐以安天下，于国于民，都足以让他彪炳千古。晚清至民国时期的著名学者夏曾佑先生曾对周公做出了一个极高的评价："孔子之前，黄帝之后，于中国有大关系者，周公一人而已。"

平定叛乱，安定周邦，贤明遐迩，固然重要，而真正能够穿越三千年光阴仍旧让今人铭记的，是在周公主持下完成的一整套周礼。礼作为一种规范人们举止的方式，其实古已有之，至少在周公之前的夏商时代就已然形成一个比较完整的体系。虽然周王室保留了夏、商两代的王族后裔，但经过岁月的洗涤，此时杞、宋两国的礼，早已不再是夏商时的礼了。在《论语》中，我们多次看到孔子对周礼大为称颂，对周礼的开拓者周公更是表达了最高的敬意。

礼乐的意义，就是孔子最核心的两个思想——"仁"与"礼"的具体展现。"仁"即爱人，就是广泛地理解和体贴他人，表现在周礼上则是"乐"所演奏的四海升平；而孔子同时又要求要"克己复礼"，在国家政治上要保证"君君臣臣父父子子"的等级秩序，是谓"正名"，而在个人修身的角度上，也应有一套完整的君子风范、行为准则。可以说，周公是孔子儒学的奠基人。

如孔庙一样，全国各地有很多处周公庙，但岐山县凤凰山周公庙是其中存世规模最大、形制最完整的一处，因而最为人所知。岐山是周人的兴起之处，出土过毛公鼎等大批文物的周原曾是周最初的都城。周公是振兴周室的圣贤，在这里立庙纪念，也在情理之中。经过历代的修缮和扩建，今日的周公庙已经达到相当的规模，包括乐楼、八卦亭、周公殿、姜嫄殿等。其实庙宇周围建筑修建的年代不尽相同，但时代的传承构成了今天完整的古建筑群落。景区周围还分散存有大量宗教性建筑，如吕祖洞、八仙洞、三清祠、玄帝洞、张仙洞等，展现了关中建筑的独有风格，也作为周公庙的附属景观供游人参观供奉。

岐山周公庙是神秘的。封土之下掩埋着的，则是属于周公庙的另一个世界。巍巍凤凰山，三千年前便是周人最古老的发源地。2003 年以来，考古人员在周公庙凤凰山遗址发现了西周高等级墓葬群，其中"王一级"四墓道大墓 10 座，陪葬车马坑 15 座，甲骨 10000 多片，可辨认甲骨文 2500 余字，最多一片上刻有 37 字，被考古学界称为"甲骨之王"。周公庙遗址更被称为"世纪大发现"而载入史册。

在岐山周公庙遗址的墓葬中，虽没有明确提及墓主人身份的信息，但通过多处带有"周公"字样的甲骨遗存，专家学者确定该地应是周公的采邑，而这一片高规格墓地，应是周公的家族墓葬。地上和地下，无形之中，构成了一种历史的巧合。

周公是中国最早的名相，更是中国政治制度的重要创立者，正是在他辅政时期，分封制、宗法制，以及由此衍生的被孔夫子称赞一生的礼乐制度得到确立，于周于天下，都厥功甚伟。三年东征之后，周公就被封到鲁地做王侯，但是为了周王室的兴盛，周公一生至死也没有回到鲁国的封地。周公在病重的时候留下葬在成周的遗愿，表明自己不忘成王之忠心。周公长子伯禽按照周公理念，以礼治理鲁国，从而形成了"周礼尽在鲁"的文化圈子，滋养了孔子等一批拥护仁礼的大儒。冥冥之中，曲阜的周鲁国也是他辉煌一生的某种见证。

周公庙

周公庙在中国有多座，其中尤以岐山周公庙最负盛名。岐山位于陕西宝鸡，庙宇在县城西北处，其东、西、北三面环山，唯南边与平地相接，形似簸箕状，如倒凹字，故又称卷阿。

其实，早在6000多年前，卷阿一带就有先民傍山临泉而居，后成为周人的重要生活聚集地。凤凰是姬姓周族崇拜的神鸟，作为兴起之地，古卷阿附近至今有许多与凤凰有关的地名和遗址，足可以看出其历史的悠久。

据传，在辅佐成王、安定天下之后，晚年的周公旦归隐于卷阿一带。他逝世之后，当地人建祠祭祀，便成了而今周公庙的雏形。唐武德元年（公元618年），唐高祖李渊为纪念周公助武王灭商立国、辅成王平叛安邦的伟大事迹，下诏在其制礼作乐的卷阿创建周公祠。后又经历代修葺、扩建，形成了以周三公（周公、召公、太公）殿为主体，姜嫄殿、后稷殿为辅，亭台楼阁点缀辉映的古建筑群。

而今，在这个古老的周兴之地，依靠这些古迹依存，再去寻觅周公的故事，也是蛮有意义的事情。

孔孟之乡

曲阜算得上济宁的文化中心，但济宁较之曲阜则更显广博。

曲阜虽然文化鼎盛，但限于地域范围，远不如济宁这座地级市文化深厚。如果说济宁北部的曲阜是孔子文化的集聚地，那么曲阜之南的邹城，则代表了战国时期孟子文化的灿烂。相比于"三孔"的规制，邹城也有相对应的"三孟"，即孟庙、孟府、孟林。虽然声名和规格难以与曲阜比肩，但仍然是今人瞻仰儒家文明的重要圣地。值得注意的是，据孟林内现存宋景祐五年（公元1038年）《新建孟子庙记》碑文记载，邹城孟庙最初为孔子第四十五孙孔道辅所创建。孟子受教于孔子孙子思之门，后又将孔子之学发扬，而孔家后人又为孟子立庙纪念，孔孟之间的传承赓续，正如儒家经义，代代相传，革故而鼎新。

孔孟是儒家仁礼道义体系中的"二圣"，而在"二圣"之外，儒家的先哲们同样熠熠生辉。济宁见证了儒学初起时的创立与兴盛，由此也聚集了众多先秦儒家代表人物的历史印迹。颜回、曾子、宰予、有若……济宁地区散布众多儒门弟子的墓冢庙宇，守护着孔孟文明的起承转合。

　　如今在曲阜城内，不论是当地的老百姓，还是新奇的游客们，仍然热衷于以古老的三轮车作者的公共出行方式；若是在故城以内，游客们则更喜欢体验用骡子拉车。郊外京沪高铁呼啸而过，城内的人群则用这种慢节奏的步调，在叮叮当当的铃铛声中摇晃着岁月，细细体会孔子留下的人生思索。

孟庙　孟府

曲阜·鲁国故城遗址

地址：山东省曲阜市市区
交通：曲阜火车站坐曲阜9路或K09路环线
　　　至鲁城商场站下车
门票：免费
文保等级：全国重点文物保护单位
推荐评级：★★★

　　历史记载，周公最终也没有回到鲁地，但鲁国的民众却未曾忘记这位鞠躬尽瘁的开国伟人。除岐山外，曲阜也有一座周公庙。而在这景致恢宏的周公庙的黄土之下，庙宇所处之地正是两千余年前的鲁国故城。

　　鲁国地处齐卫之间，东临淮夷，是殷商旧民势力十分强盛的地带。作为周王室在东方的战略阵地，周初的鲁国是各个诸侯国的兄长。鲁与王畿，一东一西，一侯一王，就像天平的两端，衡量着周的天下。

由于周公功最高，周王甚至特准周公可以享用天子的礼乐。而作为与周关系最密切的侯国，鲁在西周时期也尽心维护着周天子的威信。然而，随着时代的迁移，曾经盛极一时的鲁国在春秋战国沦为二流国家，在战国中后期便被楚国消灭。鲁国由盛转衰的原因，在周公生前已有定论。

在周公看来，与姜太公因地制宜的简化风俗相比，儿子伯禽花费大量时间去使当地的居民接受周礼难免显得有些迂腐了，从而推测出鲁国最终会臣服于齐国。齐国东临大海，民风开朗、民俗简化；而鲁国地处丘陵内部，地理上相对封闭，或许也可以作为鲁人重礼教、重人伦的地理渊源。据说孔子周游到齐国的时候很快就受到了齐景公的召见，齐景公当即以政事请教孔子，然而孔子却只在齐国待了一年便回到鲁国，或许是出于对齐俗喜张扬、多急功近利的反感与蔑视吧。

鲁国的没落，其实与鲁隐公有一定的关系。他是《春秋》纪年的起始者，也用另一种方式拉开了春秋"礼崩乐坏"乱世的序幕。公元前723年，鲁惠公逝世，太子允（即鲁桓公）尚年幼，治国的重担，理所应当地落在惠公的庶长子，也就是太子允的大哥息姑的身上。息姑摄鲁国国事，是谓鲁隐公。隐公应该也算是一个勤勤恳恳、例行周礼的王侯，然而正当他觉得弟弟已经成人，可以让位的时候，危机突然发生了：卿大夫羽父为了获得万人之上的权力，向太子允说隐公的坏话，并暗中将隐公杀害。这是鲁国政治史上的转折点，自此以后在鲁国，这种破坏周礼、以臣弑君的现象便屡见不鲜，鲁国不仅在内斗中消耗了大量精力，其仁德形象也大打折扣了。

到了孔子时代的鲁国，国政已是"三桓"的天下，即孟孙氏、叔孙氏和季孙氏。因三家皆是出自鲁桓公之后，故"三桓"由此而来。从庄公时期的"庆父之难"到鲁穆公时期例行改革，三家最终退出鲁国的权力中心，"三桓"共统治了鲁国长达200余年。在200多年的时光里，三家相互争斗，在内政外交上都占据了国家最高的发言权，对于君权不断膨胀的中国古代社会来说，这或许是个灾难，而对于生活在其统治下的百姓而言，或许算不上是什么坏事。比如季文子"无衣帛之妾，无食粟之马"，一个辅佐三代君主的权臣，在拥有鲁国的金钱财富的情况下能够不贪图私利，清廉至此，也是相当难得。

物是人非，数千年的历史沉积，使得这座在少昊之墟上营建的城池最终被掩埋于地下。如今通过考古人员的努力，我们依稀可以复原昔日伯禽按照父亲的指导，兴周礼、安人民的景象。

鲁国故城遗址

鲁国故城遗址位于今山东省曲阜市市区。周初之时，周成王封周公旦长子伯禽于鲁，建都于此，直到鲁顷公二十四年（公元前249年）鲁亡于楚，鲁国在此建都共历时900余年。西汉景帝三年（公元前154年）封刘馀为鲁王，使得这里又成为侯国的都城，成为东方地域内的一个重要政治枢纽。1961年，这里被列为全国重点文物保护单位。从现代考古成果来看，西周前期的遗址大多聚集分布在大城西北部，西周晚期扩大到东北部。东周遗存则遍布全城。大城西部分布6处西周和东周的墓地。1977年以来发掘出200余座陵墓，出土文物以陶器为主，从出土的文物中足以窥探到当时社会的状态和审美趋向，也成为人们了解鲁国文化、了解春秋文化的重要一站。

孔子早年的经历

孔子把知天命归为总结自己半百之年的话语，以夫子之气度，自然不会简单地认定天命。孔子的『知天命』，是积极的处世态度，既然事已至此，不妨顺应大势，泰然处之，于是孔子在经历了知遇、巅峰、挫折、出走、漂泊这一连串的事件后仍能不失君子之风，坚定地维护着自己的理想学识。

中国的龙凤

牡丹花城

"洛阳地脉花最宜，牡丹尤为天下奇"，能让欧阳修发出如此赞叹的，当属洛阳牡丹。

洛阳牡丹始植于隋，盛于唐，甲天下于宋。1500多年的栽培史，形成9大色系、10种花型、1200多个品种。在洛阳，一年一度的牡丹文化节早已入选国家非物质文化遗产名录，文化节一般在4月中上旬举行，根据每年的花期进行必要的调整。在洛阳市区，特别是牡丹节期间，如若细心寻找，会发现众多与牡丹相关的城市元素。洛阳有很多画扇面的小铺，牡丹是常用的扇面图案，若是时间不急，大可停留几分钟，看画工的笔尖流转，妙手丹青。牡丹还可入菜，洛阳人将花瓣制成果脯，或是入馅成饼。老城十字街遍布各种洛阳特产小吃，其中牡丹元素最受宠爱。

牡丹国色天香，被誉为花中王者；巧合的是，花王也象征着中国历史上最伟大的朝代的兴衰荣辱。洛阳牡丹以唐时为最盛，唐王朝又站在中华文明最为高远的位置。虽然洛阳作为"十三朝古都"，曾是夏朝、商朝、西周、东周、东汉、曹魏、西晋、北魏、隋朝、唐朝、武周、后梁、后唐、后晋等王朝的都城，但最为灿烂夺目的，当属唐。唐定都长安，洛阳为东都，在唐帝国近三百年的历史缝隙之间，还出现了中国历史上第一位，也是唯　位女皇帝。相比于长安，武则天更喜居住洛阳，因而洛阳处处流传着这位风流女帝的传说。相传牡丹源自长安，正是因为其抗武皇之旨，故被贬至洛阳。时至今日，洛阳市区仍有众多与唐文化相关的文物古迹、主题公园，其中以龙门石窟最负盛名。此外，唐宋洛阳城的繁荣吸引着众多的文人墨客前往，这些士人怀抱理想而来，洛阳为他们提供机遇、提供住所，白居易、杜甫、范仲淹、王铎、邵雍……面对着故里、古冢，曾经的繁华依稀相见。

　　除却牡丹饼外，当地美食以"洛阳水席"为首。"洛阳水席"同样于唐代兴起，传承已久。所谓"水席"，按照字面意义，宴席上所有热菜皆含有汤汁；此外，宴席采用流水席，每吃完一道，撤后再上一道，不断更新品尝。洛阳水席囊括了大部分洛阳当地的特色小吃，而作为洛阳美食之首，其中同样流传着武则天的传说。相传袁天罡知晓武则天乃天子之命后，就设计了这个大宴，用以暗喻武则天二十四年的执政事实。时至今日，"洛阳水席"仍按照不变的前八品、四镇桌、八大件、四扫尾在内的二十四道菜序，暗指武则天自永隆元年（公元680年）到神龙元年（公元705年）

这二十四年的帝王生涯。

　　武则天的这二十四年，给予了洛阳传奇韵事，开创了一段前无古人、后无来者的时代高歌。

洛阳牡丹

洛阳·老子纪念馆

地址：河南省洛阳市北大街
　　　（原洛阳祖师庙）
交通：洛阳火车站东坐10路或K10路至大北门
　　　站下
门票：免费
文保等级：全国重点文物保护单位
推荐评级：★★★★

　　山东博物馆的汉画像石展厅内，熙熙攘攘的参观者，都不禁驻足观赏着一件国宝级的文物——"孔子见老子"画像石。这块画像石诞生于遥远的东汉，在屈辱的近代被日本帝国主义掳掠至海外，几经波折，最终回到了它的故乡。汉画像石一般都被安置在权贵们的地下家园，通过石刻的画像来讲述墓主人或是历史上圣贤王侯的传奇，这块画像石上描绘的则是老子

58

与孔子这两位中国历史上最伟大的思想家。儒与道是中国土生土长的文化大观，其鼻祖相遇，绝对是思想界数一数二的大事件；而道与儒，出世无为与入世有为，则宛若中国思想界的双子星座，熠熠生辉、光照万世，守护着浩瀚中华的文化脉络。

老子何许人也？有人说他是卓有智慧的老者，活了 100 多岁的高龄；有人尊他为道教的仙尊，奉上神坛，供万世敬仰；更有人将他看作中哲的先师，"道可道，非常道；名可名，非常名"，跨越千载，仍可以反复推敲咀嚼。老子给我们留下的，始终是一个若隐若现的背影，似乎没有人能够确认老子的真实身份，只知道老子曾担任周王室的"守藏室之史"的职位，也就是今天国家图书管理员一类的工作。

老子为我们留下的史料，相较于孔子，真的是少得可怜。我们读《老子》，总会看到一个衣袂飘飘、长髯花白的老者形象，他西出函谷，沿着古道而行，是那样的潇洒——这是中国知识分子的另一面：他们渴求追随书中单纯的宁静，在自己的天地里，观庭前花开花落，看天上云卷云舒，他们想活出"自我"，得到一份"真性情"。

老子虽为楚国贵族，但真正成名之处、留下笔墨最多的，却是位于王畿之地的河洛地区。周都任官、孔子问道，就连归隐之时，西出函谷的巨著《道德经》，也生长于斯。今天的河南省洛阳市为了纪念这位巨人，便修建了专供老子的纪念馆。这座现代化的纪念馆，正是以当地祖师庙为基础而重修建造的。

当地的老人们对祖师庙十分熟悉，据传庙宇始建于元末明初。民国时期，民国政府曾一度宣布废除道教，但民间仍有道教信仰活动进行。冯玉祥驻洛时，倡导打神办学，道观多被用来办学，庙产亦被充公。祖师庙当时被用来驻军，后来又做过私学，然而再往后规模就逐渐缩小，多数房屋被废弃或毁掉。新中国成立之后，祖师庙被收归当地政府，直到 2012 年，在原来祖师庙基础上建成的洛阳老子纪念馆才正式开馆，重新回归世人眼前，成了目前国内唯一的关于老子文化的专题性展览馆，也是全国最大的老子文化专题纪念馆。在当地河洛文化旅游节期间，纪念馆正式开馆，使广大市民又多了一个了解道家思想、感受先贤智慧，在现代社会的浮华中寻找岁月沉淀的一份稳重的好去处。

老子纪念馆

老子纪念馆位于河南省洛阳市北大街，是在原祖师庙的基础上重修建造而成的。在喧嚣的市区街道，老子纪念馆的成立无疑给现代的喧闹带来了一丝宁静。2012年9月28日，洛阳老子纪念馆正式开馆，它是目前国内唯一的一座描述老子文化的专题性展览馆，同时也是全国最大的老子文化专题纪念馆。

老子纪念馆标志性的景物可以算大殿内那一座高达2.4米的老子雕像了。雕像面容丰满、体态潇洒、服饰飘逸，旁边站立的两名"童子"也形神兼备、惟妙惟肖。四周的墙壁上是色彩斑斓的各式壁画，壁画描绘了老子的一生——出生、拜师、在洛阳担任守藏史、著《道德经》、西出函谷关等等，成为大众了解老子生平比较直观生动的有效途径。

北国南疆

　　黄河在三门峡处经历了最后一个峡谷段，由开阔转向狭窄，三门峡水利枢纽便是基于此而修建落成。

　　从行政区划来看，三门峡市位于河南省的最西端，辖区南北较长，东部与洛阳毗邻，居于中原的地理位置使之很早便是古代文明的重要聚集处。新石器时代黄河流域著名的仰韶文明，最初正是因渑池县的仰韶村而命名的。此外，庙底沟文化遗址位于三门峡陕州古城南，是一处汇集仰韶文化和早期龙山文化遗址的二期文化遗存。庙底沟遗址的发掘，厘清了仰韶文化与龙山文化之间的发展继承关系，在考古史上具有重要意义。

　　但另一方面，随着洛阳的兴起繁荣和政治地位的提升，更多的文明在那里汇聚，三门峡便显得较为冷落。时至今日，交通的便利缩短了两地之间的交通时间，地域的临近使得三门峡旅游成为赴洛阳游览的附属，若单纯在三门峡寻找历史遗迹，的确有些鸡肋。因此,三门峡旅游多采取与洛阳旅游相结合的双城游览模式。对于三门峡旅游而言,更加吸引游人参观的,是它山水相依的自然风光。

　　相传大禹治水时,凿龙门,开砥柱,因而形成了"人门""鬼门""神门"三道峡谷,三门峡即由此得名。一个"峡"字,道出了这片地域山水相间的自然风貌。而从气候方面看,三门峡所处的豫西地区恰巧位于秦岭淮河自然分界线周边,这里属于亚热带与温带过渡地带,加之独特复杂的地貌,最终形成了兼具暖温带、温带和寒温带的多元气候,因此铸就了三门峡地区丰富绚丽的天然景致。在三门峡,你可以到豫西大峡谷观溶洞、划皮艇、泡温泉;也可以去天鹅湖湿地观赏成群的天鹅迁徙。每年入冬时节到次年的初春,当大多数人躲藏在家中取暖之时,已经有成千上万只白天鹅从遥远的西伯利亚飞到三门峡栖息越冬,景象壮观,山地之美、万物之灵,莫不如是。

　　北国南疆,四季更替之间,三门峡给予游人的,是天地之间大美的慨叹。

三门峡

灵宝·函谷关

地址：河南省三门峡市灵宝市函谷关镇王
　　　垛村

交通：灵宝火车站坐灵宝1路或灵宝1路区
　　　间至函谷关景区下

门票：30元

文保等级：国家AAAA级旅游景区

推荐评级：★★★

　　老子的渊博和豁达使他成为那个时期文化思想领域的伟人，这种文化影响对于年轻的孔子来说当然也不例外。孔子见老子的故事描写，几乎都是见于《庄子》的，而《庄子》尊的是老子的思想，并且对他的描写很夸张，从而导致有尊老而贬孔的倾向。汉代画像石中就有老子和孔子互相鞠躬的画面，而二人中间夹个小孩，故意难为孔子，这就是传说中的神童项橐。然而历史上两者真正的思想相遇，是对峙还是和同呢？今天的人们越来越发现，在儒道两家的原典中，两者并非绝对的"仇敌"，而是互补的双赢。

孔子曾将老子比作是龙，后来又有老子的楚国老乡唱着歌来访问孔子："凤兮凤兮，何德之衰！往者不可谏兮，来者犹可追也！已而已而，今之从政者殆而！"他们眼中的孔子，如同凤凰般的绚烂多彩。孔子和老子，就是中国的龙凤，他们在我国思想史上相辅相成，缺一不可。

河南三门峡市下辖的灵宝市有一座古关隘，这就是闻名遐迩的函谷关。"一夫当关、万夫莫开"，名副其实。而道家开山之作的《道德经》，也正是在此而成的。当初老子成书的太初宫也已经成为祭奠老子的重要场所。2002 年 10 月 20 日，中国道教协会会长、玉溪道人闵智亭就为函谷关旅游区题写了"道家之源"四个字。《道德经》，洋洋洒洒几千字，背后却是一个无比辽阔的天地，它对世界本源的叩问、对人生态度的定位，与函谷关的回肠荡气、山川之险的形态在无形之中构成统一。

函谷关

函谷关是中国历史上建置最早的雄关要塞之一。其实函谷关在历史上有两座：秦关位于河南省灵宝市北 15 千米处的王垛村；汉关东移至洛阳新安县，西距秦关 150 千米。关于函谷关名称的由来，据说是因其地处"两京古道"，紧靠黄河岸边，关在谷中，深险如函，故称函谷关。

灵宝古函谷关的历史人文价值十分丰厚，数不清的历史故事都曾在这里上演，诸如"鸡鸣狗盗""公孙白马"一类，其中最为突出的当为这里的道教文化。两千多年前，道家创始人老子便自这里西出关隘、隐于乱世，如今这里更是道家文化的汇聚地，在每年的农历二月十五日（老子诞辰日）都会举办老子诞辰纪念活动，吸引了众多的旅游者和海内外道教团体考察观光、共同纪念。

丝路

　　洛阳市的旅游口号将洛阳称为 "丝路起点"，或许初听之时有些茫然。张骞出使西域，汉人与西域、甚至欧洲保持联系，往往都是以长安为起始点的。那么，洛阳又何来"丝路起点"之称谓呢？

　　时代演变，丝路也并非一条原原本本固定的路线。东汉以后，随着长安的废置、洛阳的兴起，这个新兴的政治中心自然开始兼任中外交流的使命。时光流转至隋唐，虽然西京仍在，但东都的繁盛，加之唐王朝前所未有的开明包容，丝绸之路渐渐向东部延伸，直至洛阳城。

　　若要探究洛阳中外交流的初始，我想并不是给予它荣耀的盛唐。早在东汉初年，洛阳老城以东的白马寺，便见证者佛教这个西方宗教本土化的历程。"白马驮经"的传说，代表着中原人对于外来文化的向往，而白马寺的修建，则是洛阳中外文明汇聚的成果。

如果说东汉时期的白马寺是洛阳与外来宗教文化第一次精彩的碰撞，那么，盛唐营建的龙门石窟则代表着它的辉煌。龙门石窟开凿于北魏孝文帝年间，此后又历经东魏、西魏、北齐、隋、唐、五代、宋等朝代，其中以武后时期的奉先寺为最盛。与北魏时期冷峻严肃的造像风格不同的是，唐人除了表达佛尊的崇敬高尚外，又将传统中国绘画的美感运用其间，特别是正中的卢舍那大佛衣袂飘扬，面额饱满，安详而亲切，极具唐人风度。

古代中国与西方各国的文化交流，多是以佛教为纽带。佛教东传入中原，中原的僧侣，又踏上了西行求法的漫漫长路，这其中最有名的当属玄奘。虽然这位佛学大师是由长安出发，开启这场伟大的苦行，但是洛阳仍建有他的纪念场所。玄奘祖籍在洛阳，今天洛阳偃师市缑氏镇陈河村的玄奘故里，仍吸引大批游客前往参观。故里多植有松树，四季常青，寓含着玄奘精神的万古流芳。

洛阳定鼎门

洛阳·周王城天子驾六博物馆

地址：河南省洛阳市中心的东周王城广场
交通：洛阳火车站出发坐56路或K56路或103
　　　路或81路或K81路等至王城广场站下
门票：30元
文保等级：
推荐评级：★★★★

　　孔老相遇是以孔子适周为前提条件的。春秋之末，各国蠢蠢欲动，以正统自居的周王室则日渐衰微，换用孔夫子的话语，那就是"礼崩乐坏"。孔子虽生于鲁，流着宋国的血液，然而，扶正周王室的理想却早已在他心中生根发芽。西行至周，或许可以看作是孔子心中的一份义务。

　　河洛之地，山川之要，历来兵家必争。黄河南岸这一片平原，一直是中华文明的栖息之地：万年之前，仰韶人制造出缤纷绚丽的彩陶；五千年之前，炎黄部落众志成城，共创华夏辉煌；三千年之前，姬姓氏族东进伐纣，最终在牧野战胜商王朝的军队，登上王位。"普天之下，莫非王土；率土之滨，莫非王臣"，这是曾经的一统，孔子眼中中正有序的礼乐王国。后来周幽王烽火戏诸侯，犬戎攻入西都，周王室不得已东窜，逐渐失去重整辉煌的信心。

洛阳北依邙山，南临洛河，天下之势，了然在胸，就是在这样一个地方，考古学家发现了东周时期的王城遗址，其中共发现 397 座墓葬和 18 座大型车马坑，更是首次发掘出六马驾一车的"天子驾六"考古遗存。两千多年的时光流转。木材腐朽，细土入侵，木头与泥土就这样完成时间赋予它们的置换，只不过与它周边的土相比，"土车"的土稍微细一点、软一点，因而现在的我们还能依稀加以辨认。"天子驾六"的发掘，更是结束了长久以来的"天子驾六马"与"天子驾四马"的争论，成为研究周礼的一次重大突破。

依托于这个 21 世纪的重大考古发现，河南省洛阳市在遗址的基础上建造了周王城天子驾六博物馆。整个博物馆分为两个展区，第一展区主要展示了东周王朝概况及珍贵的东周文物；而更受世人瞩目的大型车马坑展区则位于博物馆的第二展区，这里展示了考古工作者发掘清理的 17 座车马坑中的 2 座，其中北边的一座长 42.6 米，宽 7.4 米，规模巨大，国内罕见，堪称精品。坑内车马呈纵向两列排放，展示了古代周天子出行列阵的场面。

当然，整个展览中，最令世人瞩目的自然是"驾六"车马遗址，它直观展现了古代文献中"天子驾六"的记述：六架完整清晰的马匹骨骼整齐地一字排开，中部车辕后方，是一架遗存完整的马车。望着气势恢宏的"天子驾六"，仿佛可以听到马匹嘶叫、马蹄飞踏的声音，可以看到车轮滚滚、尘土飞扬的周天子出行的壮观场面：这种对礼的崇敬带来的荣耀与秩序，正是那个时代的迷人之处。

洛阳周王城天子驾六博物馆

周王城天子驾六博物馆是一座以原址保护展示的东周时期大型车马坑为主体，辅展以东周王城概况、王陵考古的新发现及部分东周时期珍贵文物的"王城、王陵、王器"专题特色博物馆。

依托"天子驾六"大型车马陪葬坑，博物馆在考古原址基础上修建而成。整个博物馆占地1700多平方米，分为两个展区，第一展区分四个板块，一是洛阳地区5大都城与当代洛阳相互位置关系的图版；二是东周王城概况；三是王陵的探索与发现；四是珍贵的东周文物。而第二展区则是博物馆的镇馆之宝——"天子驾六"大型车马坑。古书记载上古天子出行驾六马的形制，而这一大型车马坑则以最为直观清晰的形式印证了古文献中的记述，这也成为迄今为止世界上唯一一处原址展示的"天子驾六"的地方，对于游客了解周王室历史以及当时社会总体风貌来说不失为是一个好去处。

齐鲁青未了——孔子适齐

天地之间

不知何时起，似乎人们的记忆里，泰安等于泰山，知泰山而忘记泰安。

到泰安登泰山，早已不再是简单浅薄的攀爬活动。古代的皇帝们，视泰山为神，祭祀封禅，需要一整套的繁复礼节。时至今日，我们自不必如古代的皇帝那样烦琐庄严，但不可否认，登泰山，早早就超越了一项体育运动的意义，泰山带给游客的，是一整套的泰山文化。

进入泰安市，当你目见泰山之始，登山活动其实就开始了。泰山估计是中国为数不多的需要赏山的山丘之一了。若是身旁有导游的话，导游会让你在不同角度观望泰山，根据不同的山体形态，想象勾勒不同的泰山形象。

泰山的景点主要集中在中天门到南天门的一段，若是体力不支者，可以乘坐大巴至中天门再进行攀爬。泰山的索道是直达南天门的，因此游客多选择下山之时乘坐。之所以将登泰山定义为一项文化活动，除了远观的赏山外，还有立于山顶的观日出活动。观日出在包括五岳在内的名山之间普遍流行，然泰山更盛，多半是受了孔夫子"登泰山而小天下"的影响。值得注意的是，泰山日出并非日复一日，由于海拔较高，山顶多生云雾，太阳也就容易遮蔽起来了。因此，若是有观日出的打算，则需要关注天气是否晴朗。此外，泰山山顶建有宾馆，可为夜行观日的游客提供相应的便利。

泰山较高，因此多数人攀爬往往花费全天，这就催生出泰山的各类美食。攀爬过程中常常遇到一些身背扁担的人群，这是山区特有的挑山夫，山顶享用的便利美食多半需要经过他们的搬运，这其中最受欢迎的当属山东煎饼。与鲁南地区流行的将煎饼内部裹上各种果蔬的菜煎饼不同，泰山的煎饼则带着属于群山的粗犷野性。金黄的小米煎饼卷上当地的小葱，蘸上农妇们自制的甜辣酱，内是浓烈的味道，外是俊朗的山群，这是泰山带来的豪迈。

泰安泰山

泰安·孔子小天下处

地址：岱顶玉皇阁
交通：泰安火车站出发坐61路旅游公交专线到
　　　红门站下，换19路到天烛峰景区站下；
　　　或泰安汽车站出发坐14路或2路到虎
　　　山公园站下车换19路到天烛峰景区
　　　站下
门票：旺季（2月1日——11月30日）127元，
　　　淡季100元（12月1日——1月31日）
文保等级：
推荐评级：★★★★★

孔子登东山而小鲁，登泰山而小天下。

"泰"字有平安太平之意，从字形上看，三人立于水波之上，在水患泛滥的山东地区，的确有着非凡的文化意义。泰山安，四海皆安，这是辛勤劳作的平民百姓对这座在空旷平原之上拔地而起的大山的期

78

许。而对于孔子这类以志士仁人自诩的君子而言，仰自然之雄奇，得到的则是另一种高岸深谷的情怀——由自然生发的胸中沟壑。相传孔子登泰山之时，曾自创过一首《邱陵歌》以明志：

　　登彼邱陵，峛嵯其阪。仁道在迩，求之若远。

　　遂迷不复，自婴屯蹇。喟然回顾，题彼泰山。

　　仁者乐山，山川的千沟万壑，正是仁人处世的泰然气度，仁道即是山道。孔子在泰山十八盘的蜿蜒山路之中，埋下了一颗文明的种子。

　　自然，将孔子和泰山联系得最密切、最为人熟知的是孔子后辈孟子的一则叙述：

　　孔子登东山而小鲁，登泰山而小天下。

　　　　　　　　　　——《孟子·尽心上》

　　古往今来，凡是略通儒学的读书人，凡诵读此句，无不被这种登高俯视、超然物外的境界所打动，而在这境界的层层递进之中，背后或许隐藏着那个时代的人对于国家、对于天下的理解。

　　天下何谓？春秋战国时期的"天下"，必与我们当今的理解有着不同之处。礼崩乐坏、诸侯纷争，往近了说，自周天子大封诸侯、平分中华，各国之间的分裂，已经延续了近千年；而往远了看，实则周之前的夏商两代，终究也是集权薄弱的酋邦，各路的大小邦国附庸，早已奠定了不同地域的文明构造。也许在那个时代的人眼中，这样的地域分割，是理所当然的法则。而在这样一个分裂日久的文化圈中，"天下"二字的提及，便似乎显得尤为厚重了。在孟子的叙述中，孔子将东山与泰山相较，用鲁国与天下作比，如果说登泰山是在东山而上的更高层次的境界，那么"天下"便是处在鲁国之上的领地；若非要咬文嚼字一番，由"小鲁"上升至"小天下"的慨叹，冥冥之中或许反映了一种天下一统观念的萌芽与蔓延。

混沌既开，离最终的高潮终究不会遥远。这股"天下"的风气，在战国中后期最终达到了不可收拾的地步。弱肉强食、群雄逐鹿，在历史更替的大浪淘沙之中，秦国一跃成为搅动这场风潮的王者，也成了这种"天下观"趋势中第一位吃螃蟹的人。

如今泰山脚下仍保存有一处岱庙，汉代之后历代君王大多在此举行封禅大典。唐槐汉柏、古树茂密，在枝干掩映之下的，是岱庙的主体建筑天贶殿，内珍藏有秦代遗留下来的泰山刻石。刻石之上，李斯当年的书法，原分为两部：前半部系公元前 219 年秦始皇东巡泰山时所刻；后半部为秦二世胡亥元年刻制。而经过千年的磨损、战火的劫掠，今人所能看到的石刻，也仅存秦二世元年所刻碑文中的十个小字——"斯臣去疾昧死臣请矣臣"，独自诉说着时光的荒凉。

强大的秦帝国，虽然迎合天下之势，九合诸侯、一统天下，但最终却大起大落，终成历史的过往云烟。也正是李斯写下这十个秦篆的当年，陈胜吴广在大泽乡起义，各路豪强一呼百应，仅仅三年之后，楚人火烧咸阳，强大的秦帝国就这样匆匆忙忙地画上了句号。

　　短命和辉煌形成了鲜明的对比，秦帝国奉行的天下观念究竟是对是错，当时的人们为此而喋喋不休。但是，不可否认的是，自秦一代起，"大一统"的天下观念已经深深印烙在人们的心中，无法逃脱，也无力逃脱。秦亡汉兴，经过几十年的休养生息之后，汉代君主又一次地扛起了"大一统"的旗帜。泰山，这座巍峨足以"小天下"的权力之巅，在历代封禅的华美辞章之中，傲立至今。

孔子小天下处

　　"孔子小天下处"是一座位于岱顶玉皇阁的石碑，相传为孔子当年俯瞰天下之地，是明朝山东御史颜继祖根据"孔子登泰山而小天下"所刻之石，现已为泰山上诸多与孔子有关的胜迹之一。

　　石碑用天青石雕刻而成，碑首仿瓦垄兀脊式，高0.38米，厚0.64米，宽1.07米。碑文共竖排6行，正文为"孔子小天下处"，楷书，字径28厘米；款楷书，上款为：大明崇祯岁次丁丑（1637年）仲秋之吉，字径9.5厘米；下款为：巡抚山东都察院右佥都御史颜继祖，巡按山东监察御史洪启遵，守济南道山东按察使李时芜，东昌府推官郭启重立。字径4.5厘米。

　　"孔子登东山而小鲁，登泰山而小天下"，巍巍泰山、孔孟故土，山水之情、仁礼之义，想必在天地之间可以得到属于自己的解答。

82

临淄旧事

按行政区划来说，淄博其实算是个新兴城市，20世纪初，伴随着淄川、博山煤矿的开发，"淄博"之名逐渐兴起，后因工业的发展成为山东中部的重要城市。

淄博这座工业新城，因临淄而闻名。淄水汤汤，顺延四方，发王禹而来，汇清河而安。古时齐都临淄，历经众多朝代变革，如今集中于淄博市的临淄区。纣王无道，天下共诛。周天子封姜太公于齐地，都治营丘，后几经搬迁，最终又在营丘周边加固扩建，新城临近淄水，故名"临淄"。临淄作为齐国王都，齐国故城内文物浩繁，东周殉马坑、田齐王陵、孔子闻韶处、故城排水系统，皆是天然的历史博物馆。

不过秦统一以后，齐国威严早已是过往云烟。随着郡县制的推行、中央集权的加强，临淄的政治功用逐渐衰落下去。临淄与齐国故城，最终为时光所掩埋，沉没在历史深处。近代以后，淄水地区转而以经济发展进入世人视野。至今保存完好的周村古商城，作为明清古商业文化的重要代表，成为淄博近现代经济发展的重要里程碑。古街是对明清以来淄博地区商业贸易的真实反映，清光绪以来，周村被辟为商埠，商业范围进一步扩大。如今的周村大街，三益堂印刷展馆、谦祥益、瑞蚨祥、民俗展览馆、英美烟草公司展览馆……各类商铺应接不暇，游客们仍旧可以在这些老店中购买到自己所称心的商品，尝到自己喜爱的小吃。其中"周村烧饼"以其薄脆的口感最受追捧，成为游淄博不得不尝的经典名吃。

此外，由于地质环境的影响，淄博南部山区形成独特的溶洞景观。博山风景区内，包括开元溶洞、樵岭前溶洞、沂源溶洞等在内绵延数十里的溶洞群，共同筑就壮观奇幻的地下王宫。

中部淄川区有蒲松龄故居，北方农家四合院构造，恬静而古朴。

悠悠临淄，经变幻风云不灭，立沧桑风霜不倒，镌刻着各朝各代灿烂文化，浓厚的历史沉淀，丰富的人文景观，随着时间的雕琢，愈加美轮美奂。

跃跃淄博，开天辟地而生，新科技、新规划，带给了这个新城市不一样的未来，淄博经数十年的发展，变成工业重镇、经济强市，而内里的血液脉搏却像其潜藏的无数历史一样，悠远绵长。

临淄

管仲纪念馆

淄博·孔子闻韶处

地址：山东省淄博市临淄区齐都镇韶院村

交通：临淄火车站出发坐28路至郎家路口站下

门票：免费

文保等级：

推荐评级：★ ★

　　与孔夫子同时期的齐王为齐景公，这位君主在齐国历史上的存在感也不容忽视。

　　遭遇宫廷政变，在权臣崔杼的策划下幸运登上原本距离自己遥远的宝座，即位后很长时期的任人摆布，这一系列的少年经历，使齐景公对权力、对霸业充满了无尽的渴望。

　　早在孔子而立之年，齐景公与晏婴来到鲁国，景公就问孔子关于霸业的问题："西边的秦国地理偏僻，是如何强盛起来、成就霸业的呢？"孔夫子当然也做出了自己的解释："秦国的国土虽然狭小，但王的志向很远大；尽管地处偏僻，但行事端正恰当。秦王不看人才的出身，亲自提拔任用百里奚，并授予他大夫的权位。作为罪犯，秦王却破格起用他，交谈三天，就把政权交给他。这样的为政策略，哪怕当王也行，称霸更是不在话下。"

孔子再见到齐景公就应该是孔子适齐之时了。鲁国因为季平子与郈昭伯以斗鸡这件小事，忙得已经是不可开交。本来是鲁昭公率师攻击季平子，结果敌人没打跑，自己却有国不能回，战败而奔于齐地。孔子就是在这一时期来到齐国的，《论语》记载了这时期的一段故事："孔子至彼闻韶，三月不知肉味。"这大概代表了早年孔子对礼乐的追求，因为音乐予人精神的启迪，结果对物质就感觉索然无味了。

至今淄博市辖区内的齐都镇内还有一个名叫韶院村的地方。据传清代时当地民众偶然发现古碑，上书"孔子闻韶处"，随后又于地中得石磬数枚，因而顺便把自己居住的村庄改名为韶院村，而后经战乱，碑身音讯全无。我们无法考证是否真的有孔子闻韶的痕迹在，但传说却给了我们一段关于历史的遐想。

孔子闻韶处

《史记·孔子世家》载："子与齐太师语乐，闻《韶》音，学之，三月不知肉味，齐人称之。"《论语·述而》又载："子在齐闻《韶》，三月不知肉味。曰：'不图为乐之至于斯也。'"

孔子闻韶处位于山东省淄博市临淄区齐都镇韶院村。据说在清嘉庆时期，有村民在临淄城东枣园村一带偶然间掘地得到古碑，上书"孔子闻韶处"的字样，后来又挖到了石磬数枚，因此当地便把村名改为韶院村。可惜的

是，到了宣统时期，古碑已无下落，为了纪念此事，不使先代文物无法流传，当地政府及村民又于1911年另立石碑，仍刻"孔子闻韶处"，而这正是我们现在所见石碑的由来。

1982年，通过政府拨款支持，"孔子闻韶处"碑最终嵌在了韶院村学校内墙壁上，并在原有的基础上增置"乐舞图"和简述孔子在齐闻韶的石刻，用来纪念和普及孔子在齐地的历史故事。

淄博·晏婴墓

地址：齐国故城宫城北门外，淄博市临淄
区齐都镇永顺村东南约 350 米处
交通：临淄火车站出发坐 52 路或 K52 路王傅
家站下
门票：免费
文保等级：临淄八景之一
推荐评级：★★

"岱宗夫如何？齐鲁青未了。"站在五岳之巅，
齐鲁尽收眼底。鲁国地处西部丘陵，受周天子雨露，
"周礼尽在鲁"，兢兢业业地守护着礼乐文明；齐国
面对东海，与东夷文化相容，成就另一番"开放改革"
的盛世。这种地理与文化上的差异，最终使山东丘陵
成为各家思想的汇聚地。

孔子在齐国做高昭子家臣，想通过这个职位寻求与齐景公交往的机会。不出所料，心怀霸业的景公果然对孔子的治国之道饶有兴趣，几次三番召孔子前来讲学，交往甚密，到后来甚至想用尼溪田来封孔子。按理说一切看似都是那么的水到渠成，然而却在节骨眼上产生了变数。劝阻齐景公的人，恰好是孔子尊崇的晏婴。

　　晏婴是这么说的：孔子这种儒者，服装华丽，注重宏大场面和复杂冗长的礼数。而这些个所谓的"礼"，只是一些表面功夫罢了。而国君要想真的改变齐地的风俗，不能看外在的形式，而更应该"润物细无声"，以人民为根本啊。晏婴都这样批判了，齐景公也不好追问下去，于是草草地敷衍了正踌躇满志的孔子，"吾老矣，弗能用也"，最终使孔子碰壁而归，开始了他政治上的一段真空期。有人说孔子可能得罪了晏子，甚至找出一些孔子、晏子不合互骂的例子，比如传言说孔子暗中说过晏婴是个三朝国相，从而可看出他不是一个从一而终的人，这样油滑而狡诈的人不值得他去拜访等等一类的话。事实上孔子追求的，是"君君臣臣父父子子"的等级秩序，是社会理应的法则；而晏子国相出身，更偏实际一点。这是理想派与现实派的争论。

　　在孔子所生活的春秋末期，齐国的形势虽早已不比桓公时代那般强盛，但晏婴开创了滨海大国的第二个春天。孟子就曾评价齐国的两位名相"管仲以其君霸，晏子以其君显"；传出与这位晏国相不和的孔子，也中正地指出"晏子于君为忠臣，而行为恭敬"的独特人格魅力。史籍记载，晏婴作为齐国上大夫晏弱之子，在父亲去世后，继任为上大夫，历任齐灵公、庄公、景公三朝，辅政长达40余年，可谓为齐国的政治发展呕心沥血。而在治理齐国的过程中，流传最广的是晏婴的外交谋略，其中最为精彩的当属他出使楚国的事情。

晏婴墓，位于齐国故城宫城的北门外。墓冢虽古朴简单，却仍显得十分庄严肃穆。今天的人们拜访晏婴墓冢，在古墓四周新修筑起来的围墙上，还可以看到人工镌刻的晏平仲像与晏氏传略石碑，先贤的故事历历在目，无形之中使得晏婴墓冢少了墓葬的阴暗，多了一种亲切的怀念。

晏婴墓

晏婴，字仲，谥平，夷维（今山东高密市胶河生态发展区晏王庙村）人，春秋时期著名政治家、思想家、外交家，历经齐灵公、庄公、景公三朝，辅政长达50余年。以有政治远见、外交才能和作风朴素闻名诸侯。孔子曾赞曰："救民百姓而不夸，行补三君而不有，晏子果君子也！"人们将晏婴称为晏子，足以看得出世人对这位齐国重臣的尊敬和爱戴。

晏婴墓位于今天齐国故城宫城北门外，墓高约11米，南北50米，东西43米。墓前立有明万历二十六年五朋石碑一幢和清康熙五十二年、五十三年重修碑两方。墓园虽然没有奢侈的建筑和庞大的规模，但在成荫的古树之中仍然可以感受到这位两千年前先贤的尊贵。

此外，除了这座位于齐国古都的晏子墓外，在河南省滑县焦虎乡晏口村东北半公里处也有一处晏子墓。据说晏婴被奸臣车裂，百姓极为哀痛，暗地将其尸体巡于此，并且土封起许多假墓用作保护，后来假墓相继平掉，唯剩此墓保存至今。

临淄·东周殉马坑

地址：淄博市临淄区河崖头村西
交通：临淄火车站出发坐旅游5路至殉马坑
　　　站下车
门票：20元
文保等级：全国重点文物保护单位
推荐评级：★★★

　　齐景公虽有治国雄心，但却改不了贪图享乐的弊病。东周殉马坑，这个位于齐国故城中的东周贵族的大型殉葬坑，其墓主人正是齐国第25代国君齐景公杵臼。景公作为齐国在位执政时间最长的一位国君，他的墓葬豪华至极，只不过可惜古墓早年被盗，丰富的随葬品没了踪迹，唯有大型的殉马坑至今仍存。相传景公有"好治宫室，聚狗马"的爱好，《论语·季氏》

中也有"齐景公曾有马千驷"的记载。而在《晏子春秋》中也有关于景公因痛失爱马便要诛杀圉人的记载。这位国君的嗜马如命，在这规模宏大的殉马坑中得到了证实。

齐景公墓葬出土的殉马坑分布于墓室的东、西、北三面，所殉之马全都是正当壮年，在处死之后靠人工排列而成。这些战马到死还昂首侧卧，似乎还要为齐君进献全力，征战四方。这些殉马坑的宏大，或许暗示着景公复兴齐国、称霸天下的雄心。

气势恢宏的殉马坑的确代表了齐国强盛的国力，却也同样埋下覆灭的种子。与景公既奋发图强又穷极奢靡的双重性格一样，国君的身边，有晏婴一类的忠臣，也有一系列的政治小丑。景公死后，由于生前并没有选定好合适的继承人，齐王室再一次面临宫廷风波。权臣田乞以诈术胁迫大臣鲍牧立公子吕阳生为君，弑齐侯吕荼。自此，齐国大权便落入田氏的手中，直至公元前386年田氏代齐。

东周殉马坑

临淄东周殉马坑是在考古发掘的一座大型春秋贵族墓地上兴建的，而根据考古工作者所掌握的信息来看，墓主应为齐景公，是继姜太公后齐国的第25代国君，在位58年，是齐国执政时间最长的一位国君。根据各种相关史料记载，在景公执政后期，"好治宫室，聚狗马，奢侈，厚赋重刑"，而且特别喜欢马，在宫中有专门给他养马的人，他的爱马死了他还要处死养马的人。而墓葬中出土了大量殉马坑则可以印证这一历史记述的可靠性。

据专家考证，殉马多数是六七岁口的壮年马，是在人为处死后葬入的。马按照一定的葬式排列而成，分作两行，排列整齐，每匹战马姿态昂首、四足蜷曲，好像只要听到战鼓擂动还会前去迎敌，十分生动。

齐景公的殉马要比秦兵马俑早280多年，而且秦始皇葬的是陶俑陶马，齐景公葬的是赫赫真马。"秦皇兵俑数千自以雄风第一夸天下；齐侯殉马六百人称举世无双表古今"，这一评价显现了齐国早在春秋时期就形成的强大生产力以及这个东方霸主的繁荣和奢靡。

临淄 · 姜太公祠

地址：山东省淄博市临淄区东

交通：临淄火车站出发坐 235 路或 K235 路至东
泰商城站下

门票：免费

文保等级：山东省重点文物保护单位

推荐评级：★★

孔子曾对姜太公做过这样的评价："许由，独善其身者也；太公，兼利天下者也。"可见，在立志于创建大同、救济天下的孔夫子看来，为国谋政的姜太公，的确要比仅仅修身的许由高明得多。

齐国是春秋最早称霸的诸侯国；齐国的国都临淄（营丘）不仅人口稠密，其"人均GDP"也是数一数二——最多的富贾、最大的蹴鞠场，以及名扬天下的稷下学宫都在此处；与此同时，齐国的居民大多思想开放，齐地的方士、神仙之术、仙山、海岛……这些称谓，有的看似矛盾、有的相互联系、互为补充。总之，这个东方大国，既懂得务实，也不失想象与浪漫；尽管神秘、却又不失气度。

姜太公，这个同样凝结着众多神秘气息的人物，正是这个大国的缔造者。有人说，太公博学多闻，曾为商纣做事。商纣无道，太公就离开了，四处游说列国诸侯，未得知遇之君，最终西行归依周西伯；有人说，吕尚乃一处士，隐居东海之滨。周西伯被囚禁在羑里时，他营救西伯，寻找美女奇宝，献给纣王，以赎取西伯，从而使西伯因此得以被释，返回周国。虽然太公归周的传说各异，但"文武之师"的称号，则是毋庸置疑的。等到天下太平、大行分封之时，周武王便把老师分至东方齐地，治理齐国。

司马迁较为客观地表明了太公对于齐地的贡献：加强法制，顺其风俗，简化礼仪，因地制宜地开放工商之业，发展渔盐产业的优势。后代齐人为了纪念这位开国之君，便在齐国旧都临淄为其修建了衣冠冢；1993 年，依托于原来的衣冠冢，在青冢北侧，建立起比较完备的纪念祠堂。

今天通过姜太公祠堂，仍旧可以感受到这位集贤臣与君主身份于一身的传奇人物的气魄。主殿的正中，供奉着姜太公的彩绘圣像，两侧则供奉有第二代国君齐丁公和第十六代国君齐桓公的圣像。将目光转向殿内的墙壁，各具特色的壁画，就像一个个的历史电影镜头，记录了姜太公一生引以为傲的功业。

姜太公祠

　　姜子牙（约公元前1156年—约前1017年），姜姓，吕氏，名尚，一名望，字子牙，或单呼牙，也称吕尚，别号飞熊，人称姜太公。他先后辅佐周初两代国君，助周王灭商，有着不可磨灭的功绩。为表彰功绩，周王封姜氏一族在齐地为侯，当地人为纪念这位开国先主，在太公衣冠冢旁又兴建了一座姜太公祠。

　　姜太公祠在建筑构造上遵循中国传统建筑一贯的传统古朴风格，是一组典型的中轴对称、殿堂庙宇建筑，大门的门楣悬有中国宗教学会会长赵朴初先生题写的"姜太公祠"四个大字，两侧则供奉有青龙、白虎两星君。主殿正中供奉着姜太公的彩绘圣像、两侧分别供奉有齐国第二代国君齐丁公和第十六代国君齐桓公的圣像。殿壁上的大量壁画，利用绘画的形式表现了姜太公的生平重大事迹。

临淄·齐国故城 齐国历史博物馆

地址：山东省淄博市临淄区齐都镇（旧临
　　　淄县城）的西、北面
交通：临淄火车站坐52路或K52路至齐都
　　　镇政府站下
门票：免费
文保等级：全国重点文物保护单位
推荐评级：★★★

　　直接把齐国推向霸主宝座的，是大名鼎鼎的被齐国上下尊为"仲父"的管仲。他在两千多年前掀起的改革风潮，大致是中国最早的改革成功的案例，而改革的重心，管仲放了了"富民"上。农业方面，"相地而衰征"，均地分力，与之分货，也就是承认土地私有，上交实物税；手工业方面，加强丝织发展，最终使齐都"冠带衣履天下";内河航运与海洋运输并驾齐驱；实施"官山海"的策略，成为盐铁官营的雏形；更为重要的是，管仲的确是理财的好手，他任丞相期间，更是推动了数次对别国的"货币战争"，在无形之中给了邻国致命一击。管仲改革，为齐国发展注入了源源不断的新鲜血液。公元前651年，齐桓公带领着群臣与列国在葵丘会盟，打着"尊王攘夷"的口号，宣扬国威，成为春秋的首位霸主。

《论语》中的孔子向来都是惜字如金的，然而对管仲的评价，足足占据了三条之多，如"邦君树塞门，管氏亦树塞门。邦君为两君之好，有反坫，管氏亦有反坫。管氏而知礼，孰不知礼？"再比如"桓公九合诸侯，不以兵车，管仲之力也。如其仁，如其仁。"以及"管仲相桓公，霸诸侯，一匡天下，民到于今受其赐。微管仲，吾其被发左衽矣。岂若匹夫匹妇之为谅也，自经于沟渎，而莫之知也？"诚然孔夫子对于管子的私生活和其他方面也做过客观的批评，但面对其政治功绩，孔子仍然毫无保留地贡献了"仁"这样的字眼。仁为爱人，管仲的领导使得齐人尝到了丰收的喜悦、财富的甜味。有功于民，仁爱放到一个国家的角度，正是该如此吧？

今天，面对黄土之下的文物遗存，我们或许还能复原祖先曾经所开创的盛世。山东淄博市临淄区西北处，流淌着一条跨越千载的淄水。智慧勤劳的齐人在淄水与济水之间兴建运河，促就了齐地的富庶与繁荣。相传春秋时期的大商人陶朱公，也就是向吴王夫差进献美女西施、助勾践成就霸业后急流勇退的范蠡，便曾化名曰鸱夷子皮，依托齐地的富庶而发家致富。

临淄河而建的城池，就是齐国都城临淄。在齐国故城宫城遗址东部，齐国历史博物馆拔地而起。300余件文物和大量的文献资料，向外界介绍齐国这个东方大国曾经创造的盛世和文明。东周过后，齐地的经济地位并没有随着齐国的覆灭而走向末路。西汉初年，刘邦将齐王韩信迁至楚地，重新委派自己的长子刘肥作为新一任齐王，同时任命后来"萧规曹随"的曹参为齐相。曹参任齐相期间，与民休息，百姓勤于生产，齐地的富庶有目共睹，成为汉王朝的重要经济带，管仲打造的经济强国，再次呈现在人们面前。

齐国故城遗址博物馆

　　临淄齐国故城是春秋战国时期东方大国齐国的都城，它不仅是当时最为繁华的都城之一，也是当时东方重要的政治经济文化中心。从公元前859年齐国第七世国君齐献公开始以临淄为都城，到公元前221年秦灭齐止，临淄先后作为姜齐和田齐的国都长达630余年。

　　故城由大城和小城两部分组成，大城南北长4.5千米，东西长3.5千米余，是官吏、平民及商人居住的郭城；小城在大城西南，南北长2千米，东西长1.5千米，是国君居住的宫城。故城城墙残垣尚存，夯筑痕迹明显，城门13座，城内道路纵横，现

已探明主要交通干道10条，足可见当时临淄城交通网路的发达。道旁居住、作坊遗址遍布。东周墓殉马坑、齐故城排水道口、孔子闻韶处、桓公台等十几处文物景点已向游人开放。

　　齐国故城遗址博物馆在齐国故城宫城遗址的东部，遗址博物馆通过300多件珍贵文物和大量的文献资料、模型、沙盘、雕塑、照片、图表等，全面向游客介绍了齐国政治经济文化等等的各种面貌，记述了齐国的建国、发展、兴盛，直至衰亡的历史轨迹；反映了齐文化在整个华夏文化中所占的重要地位和文化特色。

退而修礼，万世师表

水泊梁山

文武双全、张弛有度。在济宁这片地域中，若将孔孟与其背后的儒学视为文质彬彬的君子，那济宁文化中野性的一面，当属水泊梁山的英雄好汉。

《水浒传》的文学演绎早已使得宋江和他身后的梁山众英雄在历史的真实之外更多了一层艺术的夸张与传奇。济宁梁山县的水泊梁山风景区内的景点构造，采用的多半还是《水浒传》中的人物形象与情节设计。忠义堂、号令台、天书阁、黑风口、疏财台，皆是自原著演化而来；特别是忠义堂，院落内中央朱红的旗杆上悬挂印有"替天行道"四个大字的杏黄旗，厅堂内是印有各路英雄名号的黄蓝旗帜，似已感受到水浒一百零八将的豪情壮志。

作为水浒主题的文化公园，水泊梁山风景区中的美食文化构成了景区十分重要的部分。根据《水浒传》相关情节作为原型，参考梁山周边的特色小吃，像"武大郎烧饼""时迁鸡""孙二娘人肉包子"等在内的梁山美食组成了丰富有趣的"水浒宴"。小吃商铺立于街头两侧，叫卖声不绝于耳。

此外，在梁山北麓的峭壁上，众多摩崖石刻成为当地一处奇景。陡峻的悬崖之上，集中了当代书法大家的上乘之作：舒同先生的"水泊梁山"，费新我的"草莽名山"，范曾先生的"水泊梁山记"，皆是石刻当中的名作。而就在石刻右侧，有以鲁智深、武松为模版的石雕"双雄镇关"为众好汉把守着入关山隘。

梁山在北，微山在南。北宋末年水泊梁山的好汉，最终演变成微山湖畔的铁道游击。同样的山东好汉、同样豪情满怀，微山湖的敌后战士，更多了一份救亡图存的爱国豪情。夕阳西下，湖畔的芦苇荡，掩映着朦胧的月色，弹一曲心爱的土琵琶，唱一曲动人的鲁南歌谣。

水泊梁山风景区

曲阜·"万世师表"匾

地址：山东省曲阜市孔庙

交通：曲阜火车站出发坐曲阜9路或K09路
环线到孔庙南门站下

门票：旺季90元，淡季60元

文保等级：世界文化遗产
全国重点文物保护单位
AAAAA级国家风景区
中国三大古建筑群之一

推荐评级：★★★★★

康熙二十三年（公元1684年），清圣祖玄烨到曲阜祭孔，在"诗礼堂"听完监生孔尚任讲完《大学》首章后，对大学士王熙等人发表重要讲话。康熙皇帝说：真的不知道用什么样的语言来赞美歌颂孔子这位圣人，让朕给孔庙的大殿书写一个"万世师表"匾额吧。

孔子从齐国归来，便开始了一段为期不短的政治真空期。

　　当时的鲁国，王族亲信"三桓"的实力强大，共同把持朝政，甚至将鲁国国君驱逐到了别国。"三桓"中又以季氏实力最盛。然而季氏后院起火，宠臣仲梁怀与家臣阳虎发生冲突，阳虎拘捕仲梁怀。主人季桓子大怒，阳虎一不做二不休，乘机囚禁季桓子，释放的条件是和他订立盟约。从此阳虎便越发看不起季氏，而季氏自己也僭越礼法凌驾于公室之上，大夫执掌国政，原本的周礼毁于一旦。上梁不正下梁歪，阳虎之乱以后，鲁国各级贵族违背周礼的事情层出不穷，使孔子抱有幻想的礼乐社会化为泡影。

　　这样的打击，未免太过沉重了。孔子感到了自己的渺小。

　　既然无力改变什么，倒不如给自己留一份清澈，从而秉持着自己该坚守的东西，全身而退。孔子选择了退隐，选择了文化与教育。

　　故孔子不仕，退而修诗书礼乐，弟子弥众，至自远方，莫不受业焉。

　　以君子自律的孔子，虽然心怀天下之事，然而一旦触碰了底线，便一定会头也不回地离开。在朝堂之外，孔子修诗书、通礼乐，开始了自己的"副业"——收弟子，创私学。而孔子大概不会想到的是，自己会"无心插柳柳成荫",桃李满天下,成为中国教育界公认的"万世师表"。相传孔子有弟子三千,包括七十二贤人,以及孔门十哲。孔门十哲作为孔子最杰出的十位弟子,他们分布在各地的墓祠也在历代受到奉祀,其中绝大部分保留至今,仅在曲阜就有颜子的墓与庙、宰予墓,以及不包括在十哲中的有若的墓茔。

曲阜"万世师表"匾

"万世师表"匾额位于曲阜孔庙大成殿内，为清康熙帝亲笔手书。大成殿作为孔庙规格最高的大殿，殿正中供奉着先师孔子的塑像，孔子的七十二弟子及儒家的历代先贤塑像分侍左右。殿下是巨型的须弥座石台基，高2米，占地1836平方米。殿前露台轩敞，据史料记载，旧时祭孔的"八佾舞"正是在这里举行。

"万世师表"匾是清代康熙皇帝于康熙二十三年（公元1684年）十一月到曲阜孔庙祭孔时御赐。据说，当时康熙皇帝在"诗礼堂"听完监生孔尚任讲完《大学》首章后，对大学士王熙等人宣谕之中讲到"欲加赞颂，莫能名言，特书'万世师表'四字悬额殿中"，并将所带的曲柄黄盖留下，用于孔庙庙廷缯祀之用。随后，又将这块匾额内容颁发给全国各地的孔庙，刻匾恭悬。

《论语·为政》有言："温故而知新，可以为师也。"士人有云："教之以才，导之以德，可为师矣，学而不厌，诲人不倦，堪作表焉。"用"万世师表"来称赞孔子的事迹，更是说明了孔子作为万世千秋的老师和表率的历史地位。

曲阜·东颜林（颜回墓）颜子庙

地址：曲阜东防山乡程庄村北，防山山脉
　　　的南麓
交通：曲阜火车站坐曲阜36路王纪庄站下
门票：50元
文保等级：山东省重点文物保护单位
推荐评级：★★

　　如果把孔子比作参天的大树，那么颜回一定可以
被比作翠竹。他是孔子最为骄傲的门生，却英年而逝；
虽昙花一现，却极尽绽放。竹子细长，看似柔弱，不
及木材的厚重，却骨骼清奇，生长着属于自己的青葱
岁月。这一点像极了颜回：不以物喜、不以己忧，敏
而好学、德行天下。

　　英年而逝的颜回并没有多少著作留世，但颜回的

确是孔子描摹的君子的现实典型。《论语》中的颜回是这样的人：他谦逊好学，"不迁怒，不贰过"，他异常尊重老师，对孔子无事不从、无言不悦。而更被世人熟识的，是一种完全不事雕琢的乐观豁达，"一箪食，一瓢饮，在陋巷，人不堪其忧，回也不改其乐"。颜回似乎没有多少成就，却是孔子最得意的门生，以"仁人"相许，并被列为七十二贤之首、孔庙四配之首，有时甚至独以颜回配享孔子。

位于曲阜陋巷街北首的颜子庙，又叫复圣庙，就是祭祀这位君子之王颜回的庙宇。据说颜子庙最初是汉高祖平定天下后东巡过鲁祭拜孔子之时建造的，具体过程早已不可考。作为孔子的弟子，颜回的庙宇基本与孔庙保持着相似的结构，只不过更小一些。至今颜子庙中还有一座名曰"乐亭"的建筑，这个外观普通的四角凉亭，为的是纪念颜回"箪瓢屡空，不改其乐"的好学精神。苏东坡曾为此作《乐亭记》，表彰与期许颜子这种安贫乐道、荣辱不惊的精神。

公元前481年，颜回先孔子而去世，葬于鲁城东防山前。老师孔子对他的早逝感到极为悲痛，不禁哀叹："噫！天丧予！天丧予！"曲阜东防山乡程庄村以北，紧靠防山南麓，就是这位复圣颜子的家族墓地。历代颜回的子孙和家眷均埋葬于此，使得陵园至今已经有墓冢1000余座。古树苍苍，颜回的墓冢正好处于整座墓地的中心，墓前的碑面上篆刻有"兖国复圣公墓"的字样。西北为颜子父墓，二代颜歆墓位于墓冢的东北方向，三代颜俭墓位于颜回墓东，与颜回墓相互呼应，构成中国传统特有的"背子携孙"的形制。在颜子墓驻足的人，大多回想到的是"天妒英才"，如果颜回的生命不是停止于年轻时候，或许真的会有可以比肩老师的思想成就。

颜回墓

东颜林

东颜林为孔子最得意的弟子颜回一脉的家族墓地，景区南北长约 470 米，东西宽约 207 米，面积为 9.7 万余平方米。现墓区内有墓冢 1000 余座，而颜子墓处于墓区的中心位置，墓呈圆锥形，封土高 2 米，围 45 米。

颜回素以德行优秀而闻名于世，老师孔子就曾有"贤哉，回也！"的赞叹，历代帝王也对孔子的这位高徒十分重视，不断加以封赐，使得颜回的地位越来越高。汉代时，颜回从祀孔子，唐太宗尊之为"先师"，唐玄宗诏封为"兖国公"，金世宗大定二十四年五十代衍圣公孔摠始立墓碑，题刻"先师兖国公之墓"，明嘉靖二十六年立碑刻"兖国复圣公墓"。

值得一提的是，颜回的父亲颜路晚于颜回去世，死后也埋葬在这里，距颜子墓西北数步，有石碑 1 通，上刻"杞国公墓"。二代颜歆墓位于颜回墓东北方向，三代颜俭墓位于颜回墓东，这样便使东颜林构成了"背子携孙"的形制，成为景区一大特色。

此外，在山东泰安宁阳泗皋也有一处"宁阳颜子庙和颜林"，为颜回元代后人迁徙于此后建立的家庙和祖林。曲阜颜林恰巧位于泰安颜林之东，故东颜林之称就此得来。

曲阜·宰予墓与有若墓

地址：山东省曲阜市城东／城南
交通：坐出租车或自驾前往
门票：免费
文保等级：曲阜市级文物保护单位
推荐评级：★

　　如果要在两千多年前的春秋末期寻找一位辩手，那这个人就非宰予莫属了。

　　他的存在，的确是孔门十哲里的特例了。安贫乐道如颜回，勇敢张扬如仲由，长于文学如言偃，到了宰予这里，倒是被老师孔子留下了一个"不仁"的名声。而这一评价，和宰予能言善辩、勤于思考的性格有关。

　　事情是这样的，一次，宰予又找孔夫子进行辩论。他认为，父母死后，服丧三年的时间太长，一年就足够了。君子守三年孝，就要有三年时间没法在社会上工作，没有机会为民众服务，更不能积极地维护社会的道德正义，这是对人才的巨大浪费，对儒家的礼乐事业也是极其有害的。宰予的发难，是对老人家"无改先人之道"思想的反叛。估计孔子是被这个勇敢而反叛的学生弄得晕头转向的，也可能是宰予语言艺术过于强大，总之几次反问没有成功，孔子在学生这里碰了钉子，只能对着学生抛下狠话："予之不仁也！"一向温文尔雅的孔夫子当时大概是火冒三丈。

宰予并没有一个安稳美好的结局，《史记》记载他后来当上了齐国的大夫，也算是出人头地了，然而道德教化上没有尽善尽美。他参与了春秋末年的田常作乱，并因此跌入政治的漩涡，家族尽诛。不过有学者考证司马迁笔下这个政治小人其实并不是宰予，宰予也无缘无故地被泼了一脸脏水。而《孔子家语》给宰予安排的结局也不甚光彩，说宰予听了夫子"始吾于人也，听其言而信其行，今吾于人也，听其言而观其行"这一段议论，想到自己言行上的过失就给吓跑了。其实这些记载多少带有偏见，至少在孔子开列的优秀学生排名中，宰予与子贡作为言辞与外交杰出人才荣登榜单。孔门弟子三千，贤者七十二，宰予算得上是"奇葩"了。可一旦遇到原则性的大事，宰予会立刻变得稳重果敢。孔子外出周游期间，宰予运用自己语言上的优势，经常为孔子一行人打头阵。

据《曲阜旧志》记载，宰予墓原葬在东关以外，因岁久荒芜，后迁至齐河。然而相比于大弟子颜回，这个曾经顶撞过老师的学生命运便有点悲惨：因为后人祭拜的次数太少，墓葬随着时光的流转最后也不知所踪。直到清康熙年间出土带有"齐公宰子墓"字样的断碑，六十七代衍圣公孔毓圻重建"先贤宰予之墓"，墓前原有石碑、石供案、石香炉，后又毁于20纪世60年代，直到1986年被定为曲阜市级文物保护单位。

有若似乎算不上孔子门下最杰出的弟子，但他是学生中长得最像孔子的人。相传孔子去世后，弟子们思慕孔子，不忍孔子建立的儒学毁于一旦，就因有若似孔子，而群起推举其为师，并以师礼事之。当然，有若并不能够取代孔夫子在大家心中的位置，不久他们就把有若拉了下来。位于曲阜城南的有若墓，在曲阜孔门墓地之中显得比较寒酸。

有若墓

宰予墓原在曲阜东关外，因岁久荒芜，后人迁至齐河，祭扫有缺，遂失墓所。到清康熙年间村民无意间出土断碑，上面写有"齐公宰子墓"的字样，于是将附近土冢断为宰予墓。康熙四十七年（公元1708年），六十七代衍圣公孔毓圻书"先贤宰予之墓"碑立于墓前，并置墓户二丁守护，买地数亩以供祭祀；六十八代衍圣公孔传铎另立一碑，记墓之面积及祭林规定等。

可惜墓葬周围的祭祀物品后来被毁，现在所见的宰予墓大部分是由当地政府整修形成的。

有若墓占地东西46米，南北47米。墓原有封土，高2米，以砖砌成八角形。前有碑，题"先贤有子之墓"，清乾隆后期七十二代衍圣公孔宪培立石，在"文革"中被毁，后经过当地政府的整修，有若墓又重新回归到世人眼前。

117

曲阜·舞雩台

地址：山东省曲阜市南郊
交通：曲阜火车站坐曲阜3路或K03路环线至公安局站下
门票：免费
文保等级：
推荐评级：★

十年树木，百年树人。孔子最初或许没能想到，自己远离朝堂后的无心插柳，最终柳成荫。离开尔虞我诈的庙堂，虽仍怀天下的秩序，但诗书礼乐的典雅，冲淡了只知进取的戾气，单就这一点，孔子无疑是成熟了。从《论语》中的笔调不难看出，孔子这段讲学的时间，是轻松愉快的。治世的理想未及，抛却繁杂，留下的是一种寡淡的乐趣。《论语》中这类的描写比

118

比皆是：

　　子曰："饭疏食饮水，曲肱而枕之，乐亦在其中矣。不义而富且贵，于我如浮云。"
　　这是君子的快乐。诚如钱穆先生所评："道在我，虽饭疏饮水亦可乐；道不行，其事可伤可叹，亦非浴沂雩之可解。"孔子潜心诗书以修身养性，以自己之道为乐，则乐无不在。孔子在理想之外，获得了君子之乐的恬淡。然而这段可以算得上是孔子生命中最活泼的时光，对孔子来说，却不是最幸福的。作为一个没落贵族，孔子向周公致敬，克己复礼之心一刻也不敢忘怀，然而，时不我与之痛，在孔子周游列国又回到鲁国这个原点，政治抱负仍是空空一场之时愈加发作，既然无法成全他人，那就只能成全自己了。于是，茕茕孑立的孔子如一个悲剧英雄，坚定甚至于固执地践行着君子之道，而当听到弟子曾皙的理想"暮春者，春服既成，冠者五六人，童子六七人，浴乎沂，风乎舞雩，咏而归"之时，那种知音难遇却仍觅得知音之感，是孔子在境遇受阻之后最渴望的。于是，孔子在人生的最后，笑中带泪，以恬淡之心弥补理想之殇，恰巧看到一生坚守如微微薪火仍传承不息，也可以聊以慰藉了。
　　曲阜城南，沂水之北，茂密的树荫之下，隐藏着一座高大的土台，相传这便是《论语》中提到的那个令曾皙神往、让孔子感慨的舞雩台旧址。"雩"字的本义指的是雨水将地面的凹坑填满，古人以此来指代为求雨而举行的祭祀。舞雩之礼，也自然包含着祈求风调雨顺、五谷丰登的美好憧憬在里面，而这样的平淡中的太平乐事，正是在乱世中挣扎良久的孔子内心中最柔软、最容易动情的地方。

舞雩台

舞雩台位于山东曲阜市南郊，《论语》中孔子弟子曾皙曾这样表达自己的志向："暮春者，春服既成，冠者五六人，童子六七人，浴乎沂，风乎舞雩，咏而归。"雩，古代求雨的一种祭祀，古代求雨祭天，设坛命女巫为舞，故称舞雩。如今的舞雩台，失去了当初祭天的公用，然而绿树成荫，却又是当地居民散步休闲的良好去处。

五十而知天命

泰山之东

若是要在山东开展一场文化之旅，莱芜的存在感并不高，这座位于泰山东麓的城市，虽然山川险要，古时曾是长勺之战的战场，但由于时代的久远而早已淡出人们的视线。对于莱芜来说，相比于文化遗存的璀璨，自然山川之景则更加让人留恋。

莱芜自诩拥有十大名山、八大景，足可见其自然资源之盛。此外，龙山风景区、雪野旅游区、房干生态区、莲花山风景区、笔架山景区、云台山森林公园等，也算是户外的天然氧吧。天地之间的山川之美，使莱芜人的饮食也倚靠这自然的馈赠。莱芜美食多以野味为主，往往就地选材，择一处清净之处，约上三五伙伴，享受农家田野之乐。比如在雪野风景区，当地农家喜欢用雪野湖产的花鲢、鳜鱼、甲鱼、鲫鱼入汤，辅之以河虾、河蟹等湖鲜。肉质细嫩、鱼汤浓白。再如棋山炒鸡，正是因出自莱芜棋山周边的农家饭店而得名。鸡可以干炒，亦可以清炖，农妇们以果树枝条作燃料烹制，并佐以荠菜、薄荷等山野菜，滋味如何，全看客人的喜好。

散布山间的农家餐馆不胜枚举。除却这些随性的野味菜肴外，莱芜城区仍有众多特色小吃，其中最负盛名的当属当地的特制香肠。莱芜人制作香肠，用的是莱芜特产的黑猪之瘦肉和小肠，混合砂仁、八角、边桂、花椒、石落子等八种佐料，经刮肠、剁肉、拌馅、灌肠、晾晒、蒸煮等工序精制而成。莱芜人家家可以制作香肠，其中莱芜顺香斋香肠更是已有上百年的历史。

目前莱芜东火车站仅有泰山—淄博往返普客线路，交通仍以公路为主。

莱芜雪野

莱芜·夹谷之会

地址：山东省莱芜市莱城区牛泉镇南部云
台山景区
交通：莱芜火车东站坐 K16 路至胜利路鹏泉
路口站下，换 K207 路至圣井小学站下
门票：免费
文保等级：
推荐评级：★★

鲁定公八年，孔子时年五十岁。

"五十而知天命"，像孔子这样的神不可知论者，
得出这一心得，大概是受了《易经》的影响。这时，
距离孔子返鲁退官，已经整整过了四个年头。四年的
时间，滋育了桃李满门，更沉淀了那颗曾经为学说而
不停奔走的心。"知天命"，天命，自然就是天的命令。
从字面上看，孔子似乎向现实屈服了，将命运委托给

124

上天，似乎自己只能伸伸懒腰，醉心于诗书经典之中了。然而，事情从来没有我们想象得如此简单，在半百之岁时，命运又给了孔子一条崭新却又十分熟悉的路径——入仕。原来，那个曾经囚禁主人、不可一世的阳虎（一作阳货）最终遭到了"三桓"的联合反击，实力大减，奔往齐国。乱国之小人清除，然而鲁国的政治，仍牢牢握在"三桓"的手中。这时，与季桓子有矛盾的公山不狃想要招纳孔子来控制"三桓"，从而为孔子入仕敞开了大门。

孔子的的确确是动心了。《论语》中就提到说，孔子本来是答应了公山不狃的请求的，但是没想到弟子子路出面阻挠。他大致是这样反驳孔子的："末之也已，何必公山氏之之也？"没有地方去便算了，为什么一定要去公山氏那种人那里呢？子路是个是非分明并且说话很直白的人，像公山不狃那样在政治漩涡里摸爬滚打的人，招孔子清季氏的目的估计也是打着自己那点小算盘，倒不如不去蹚这趟浑水。孔子则回答说："招我去的人，难道会让我白去吗？如果有人用我，我就要完成复兴周礼的愿景！"

由此看来，孔子是早有一番打算的。他纵然每日讲学修书，却无时无刻不在惦念治国之策。因此，对于孔子而言，凡是有一点希望，哪怕这个希望掺杂着自己所鄙夷的东西，也可以咬咬牙，尽力一试："苟遇可为，不可不出"，这是孔子的回答。终于，在孔子五十一岁之时，孔子如愿以偿地当上了鲁国的中都宰，后又屡屡升官，开始了一段辉煌却短暂的货真价实的为政生涯。

孔子上台后遇到的第一件大事就是齐鲁的"夹谷之会"。"瘦死的骆驼比马大"，齐国虽然不复桓公在位时的盛世，但也算得上是东方大国，国力远高于鲁。国君相会在春秋战国虽也算上是常事，但其凶险程度，跟国家之间打仗，其实差不了许多。这次"夹谷之会"，《史记》《左传》《孔子家语》等均有记载，具体情节各有侧重，但基本上，都把孔子看作像战国末期名相蔺相如一类的角色。

首先，孔子认定两国相会必定需要强大的武力作保障，于是建议国君配备了掌管军事的左右司马。等到两国会面，宾主互相揖让着登坛敬酒，而齐方却暗地排挤鲁君，甚至想要趁机把定公扣押。而这时，孔子展现了他在政治上的实干之处，用他最熟悉的礼，来证实齐君的失仁义之举。《史记》中还有一段孔子应对伶人的描写，其意图大概跟前文差不多，都是讲孔子的处乱不惊、随机应变。

时光流转，人们最终在山东莱芜市的云台山发现了两千年前孔子所处的夹谷的痕迹。云台山的原名叫作归寨山、聚圣寨，后来当地人因山顶有一状如平台的巨石，并且山间常常云雾缠绕、小雨霏霏，故有此名。著名的"夹谷之会"就发生在山南的夹谷山中。清明前后，微雨朦胧，山峪中，郁郁青青，曾经的激烈交锋，到如今却是青山绿水，宛若仙境。

　　值得注意的是，关于"夹谷之会"的场所的说法其实不止莱芜云台山这一处，赣榆夹谷山、山东淄川夹谷山也有相应的传说，学界对此也争论不休。学者高立保就曾进行过这样的讨论，他认为确定齐鲁夹谷会盟之处必须具备五个条件："一是有夹谷山之夹谷，二是在祝其地界，三是靠近羽山，四是在齐鲁边境之外，五是古游水傍山而过。"这其中山东淄川一条不占，莱芜只占一条，江苏赣榆夹谷山五条都具备。所以他认为当年齐鲁夹谷会盟应该在江苏赣榆夹谷山之处，而针对"夹谷之会"的真实性也应继续探讨下去。

　　孔子最终用他的智慧促就了"夹谷之会"的安全结束。会盟后，齐景公在修好盟书上签字，并归还了过去侵占鲁国的郓地、汶阳和龟阴土田，对鲁国致以歉意。云台山顶东侧至今仍有三块巨石，姿态各异，据当地人说正是孔子、齐景公以及鲁定公三人的化身，三块巨石相互对立，似乎也在证实着齐鲁两国重修旧好的事实。从此，齐鲁两国结为友邦，鲁国也减少了一个极具威胁力的敌人，换取了一段时期的和平稳定。

齐鲁会盟遗址

　　史书记载的这次"夹谷之会"位于今天山东省莱芜市牛泉镇南部的云台山景区。云台山原名归寨山、聚圣寨，海拔 578 米，因山顶有一平台，每当出现云雾天气的时候，当地必定下雨，所以又叫云台山。根据史料考证，公元前 500 年，鲁定公与齐景公正是在云台山南的夹谷山进行会盟，这便是赫赫有名的"夹谷会盟"。齐强鲁弱，在会盟过程中孔子以礼服人，保障了鲁国的国家利益，也促就了两国的和平。

　　据说两国会盟后，两位国君携手登览归寨山山顶，齐君指出交还鲁地之范围，并在此修一道谢过台，以作纪念。从此云台山顶东侧生出三块巨石，其姿态各异，犹如故事中的三位主角（孔子、齐景公、定公），而会盟的成功也使得齐鲁两国结为友好邻邦，因而归寨山也成为两国和平安定的象征。

封禅

泰山脚下有岱庙,历代帝王前往泰山举行封禅大典和祭拜泰山神,便是在这里举行。

岱庙位于泰山南麓。作为泰山地区最大最完整的古建筑群,庙貌巍峨、宫阙重叠,庙宇间唐槐汉柏,古意盎然。岱庙内部,藏有秦朝李斯篆书的泰山刻石,又有东汉隶书四大碑之一的张迁碑,此外,岱庙碑林藏碑三百余通,其中不少名家佳品,形制各异、各具千秋。

"登封报天,降禅除地",封禅作为天子与天地报答交流仪式,理应是严肃甚至严苛的。古代帝王来至泰山封禅祭祀,相比于在寝宫的日常,自然是苦行:"食素斋,整洁身心"。皇帝为表达其虔诚,多以素斋作为自己封禅其间的餐饭。而这种潜在的规定,自然延伸出泰安一带素食宴的兴盛风靡。

豆腐是中华民族对于食物的出色发明,豆腐或蒸或煮,或炸或炒，均易成型。正因豆腐的这一特性，泰安的素食宴，多半以豆腐为主，甚至完全利用豆腐打造一桌名副其实的豆腐宴。一桌合格的豆腐宴席，一般有多达一百余道豆腐菜肴可供选择：一品豆腐、佛手豆腐、人参豆腐、芙蓉豆腐、荷花豆腐……品种之多，令人眼花缭乱。

豆腐可入菜，也可以做面。鲁菜师傅深厚的刀功，将滑嫩的豆腐切成线状，浇上特制的卤汁，别具一番风味。除却豆腐之外，泰安人还热衷于药膳。连绵的山东丘陵山地，层峦叠嶂，温和而湿润，山间品种繁多的中草药资源，成为泰山药膳宴的主要原料。不论是灵芝蒸鸡，还是杏仁豆腐，泰山药膳多采用一药一菜的组合原则，简单而营养丰富。

岱庙

宁阳·堕三都与郕城故城

地址：山东省泰安市宁阳县东庄镇南故城村与
　　　　华丰镇北故城村、西故城村之间
交通：坐出租车或自驾前往
门票：免费
文保等级：泰安市市级文物保护单位
推荐评级：★

孔子虽然很快取得了政治上的成绩，却也同时面临着鲁国巨大的难题。

这个时候，阳虎远走他乡，但是"三桓"在鲁国的地位却丝毫没有减弱。大夫位于国君之上，对孔子而言，是绝对不能饶恕的。"堕三都"，通俗来讲，其实就是毁坏这些卿大夫自家的围墙。周礼规定，贵族诸侯的城墙不得超过18尺。然而三桓却不以为然。

于是，信奉周礼的孔子联手想要重整王室的鲁定公开始了"堕三都"的行动，也就是推掉"三桓"家里多出18尺的部分。这其中，季孙氏筑城于费（今山东费县西北），叔孙氏筑城于郈（今山东东平东南），而孟孙氏筑城于郕（今山东宁阳东北）。鲁定公十二年（公元前498年），子路任季孙氏的宰，实行"堕三都"。季孙和叔孙两家都得到了实施，只在孟孙氏这里碰了钉子，受到郕邑宰公敛处父的抵制，后鲁定公亲自率师包围也没有攻下。顺便提一下，在今天泰安市宁阳县的东庄镇与华丰镇之间，仍存在春秋时期留存下来的郕城故城址。考古人员在遗址上出土了大量战国、汉代遗物，可以说是为春秋历史提供了大批珍贵的资料。

孔子"堕三都"的做法直接触犯了强者的利益，就像后来西汉晁错削藩一样，引火烧身，造成了"七国之乱"。孔子没有料到改革会受到如此大的阻力，因齐国军队守在了鲁国境外不远处，如果鲁定公推掉孟氏的城墙，齐国也许就会攻进首都来。由于内外两方反对势力的联合围剿，"堕三都"行动就此而半途而废。同时，孔子和"三桓"，也彻底站在了水火不容的对立面上。自此，孔子的仕途，遇到了一次前所未有的大困境。后来齐人又趁火打劫，担心孔子治理下的鲁国国力强盛，于是给了鲁国当权者大批的美女财宝，鲁国国势陷入死寂。孔子气不过，不得不周游列国，离鲁适卫。

钱穆先生的《孔子传》中对孔子"知天命"一事做出了如下一番解读，颇值得借鉴：

> 孔子五十而知天命，非不知鲁国当时情势之不可为，而终于挺身而仕，又尽力而为，是亦由于知天命。盖天命之在当时，有其不可为，而天命之在吾躬，则有其必当为。外之当知天命之在斯世，内之当知天命之在吾躬。

时代的错乱不能给孔子创造一个实现其为政理想的长期场所，孔子这满腹的"不合时宜"，造成了他晚年的漂泊无定。然而，这又算得了什么呢？五十过后的孔子，将这生命中的坎坷认作是"天命"，与其自怨自艾，倒不如顺应天时，知其可为而为之。于是乎，孔子怀着这种随遇而安的乐观感，带领愿意追随的弟子，踏上了远行的脚步，而等待他的下一个十四年，是一次梦想与现实的碰壁，更是一种凤凰涅槃似的重生，是黑暗，亦是光明。

郕城故城址

郕城故城位于今天山东省泰安市宁阳县内，是春秋时期鲁国"三桓"之一的孟孙氏所筑的城址。除了遗址出土的大量春秋战国器具以外，郕城还与孔子有着某种意义上的牵连，这便是"堕三都"。

这三都中季孙氏筑城于费（今山东费县西北），叔孙氏筑城于郈（今山东东平东南），而孟孙氏筑城于郕（今山东宁阳东北）。在"堕三都"实施过程中，季孙和叔孙两家都得到了实施，只在孟孙氏这里碰到阻碍，受到郕邑宰公敛处父的抵制，后鲁定公亲自率师包围也没有攻下。也正是由于这个导火索，孔子与"三桓"的矛盾不断激化，最终不得不离开鲁国的政治圈子，不久便走上了周游列国的行程。

孔子之外

　　曲阜这座小城，以"三孔"为标志，因孔子而闻名。而在孔子文化之外，曲阜仍然可以算作一座历史文化名城。

　　曲阜城东有一处墓冢，相传便是中国古代"三皇五帝"之一少昊的墓葬。根据相关记载，黄帝之子少昊建都穷桑，后徙至曲阜，在位八十四载，百岁而终，葬于鲁故城东门之外的寿丘。因而城东云阳山多被认作少昊陵。除少昊之外，相传黄帝"生于寿丘"，而寿丘之址也在故城东门之外。宋真宗曾在寿丘建景灵宫，尊黄帝为始祖。可惜的是庙宇因战乱毁于元末，仅剩石碑耸立，如今辟为遗址公园，散步之余，也可感悟一方古韵。

　　由此观之，曲阜理应是中华文明的源头其一。而事实上，上古时期，曲阜是商末周初的小国奄国的国都，一直都是东部地区的重要城镇之一。商代国都经常迁移变换，曲阜作为奄国国都，曾一度成为商王朝的都城。后武王伐纣，周平天下，封周公于曲阜，"周礼尽在鲁"，曲阜以其文明之灿烂达到了最为辉煌的时期。自此以后，远离朝堂、沿革兴废，沧海桑田。

济宁邹城东北九龙山南麓，建有一座规模宏大的明人墓葬，墓葬的主人，正是明太祖朱元璋第十子—鲁荒王朱檀。远离了政治中心的鲁国王廷，赋闲的鲁王，终日里焚香诵经，烧炼灵丹，最终落得英年早逝的结局。太祖视其行为荒唐，谥封"荒王"。朱檀虽然短命而亡，但鲁国王脉却始终没有中断，想必这位年轻的鲁王没能想到，从洪武三年朱檀受封，直至南明永历七年取消鲁监国，鲁国共历283年，成了有明一代历时最为长久的封国。

此外，曲阜还建有以状元为主题的博物展览。中国状元文化博物馆陈列文物近千件，走进文物构成的时光隧道之中，感知从古至今教育制度的不断演变革新，于乐中学，在行中思。

少昊陵

明鲁王墓

曲阜·圣迹图《因膰去鲁》

地址：山东省曲阜市孔府内

交通：曲阜火车站出发坐曲阜9路或K09路
　　　环线至游客中心站下

门票：旺季60元，淡季50元

文保等级：

推荐评级：★ ★ ★

山东曲阜孔府内，至今仍珍藏着一套明人描绘孔子一生大小事迹的彩绘绢本。三十六幅形形色色的图画，断断续续地叙述了这位先哲一生的文化苦旅。这其中一幅画中，车马齐备，立于荒郊，众弟子与孔子依依惜别，这便是讲述孔子周游列国的起始点——"因膰去鲁"，我们的故事便由此慢慢展开。

公元前497年，孔子做出了他人生中最重要的决定之一——去鲁适卫，自此之后，孔子先后到了曹、宋、郑、陈、蔡、楚等国，踏上了周游列国的漫漫长路。种种材料表明，孔子离开鲁国是齐人政治阴谋的得逞。在他中年仕鲁的这一段时间，孔子可谓是兢兢业业，没少为政事操心。而在孔夫子手下，外有齐鲁"夹谷相会"维护周边和平，内依靠"堕三都"来重整秩序，鲁国的复兴似乎指日可待。连这一切盛世的"缔造者"孔子也面露喜色。在太史公看来，孔子似乎已经达到了他一直追求的理想了。

鲁国的发达，引起了齐国的恐慌。不久之后，曲阜城迎来了一次百年难遇的"胜景"：80个能歌善舞的美人，120匹随着音乐的节拍而翩翩起舞的骏马，在鲁国的大街上招摇过市。这一下子马上吸引了鲁国上下的注意，这其中也包括了鲁定公和季孙氏。据说季桓子甚至为了观看而换上了平民的衣服和头饰。鲁国核心统治集团终日观看美人骏马表演，完全荒废了政事。 一向直接果断的子路实在看不下去，早早对孔子说："夫子可以行矣。"先生是时候应该离开了。

孔子却回答说："鲁今且郊，如致膰于大夫，则吾犹可以止。"

孔子可以忍耐。也许他不愿意放弃自己苦心经营的革新，也许他对自己的家国存在着依恋，他不相信鲁国已经抛弃他了。孔子在等，等一个可以让他放下犹豫的答案，他等待着最后的审判，将最后的希望寄托在统治者能够在祭祀当天，按照礼制分给大臣们祭祀天帝用过的燔肉，以表礼制不可废。然而到了冬至日，鲁国祭祀天帝的那一天，一切却终究事与愿违。最后的心理防线崩溃了，孔子便没有什么可留恋的了。

其实，"受齐女乐"这样的现代人看来极为荒谬的事或许只是孔子离鲁表面上的说辞。继"堕三都"之后，季孙氏实际上也已经渐渐和孔子疏远。"受齐女乐"表明的或许只是以季孙氏为首的统治者的态度，美女只是政治上的幌子，实际上则是借"女乐"来说明自己与孔子礼乐之治已经有了不可沟通的鸿沟。孔子那么聪敏，尽管一再忍耐，独自惋惜，但也知道自己在鲁的前途已然无望，故而决然离开。

《圣迹图》

孔子作为儒学的开创者，中国思想史上无法回避的重要人物，历代多有宣扬孔子行迹之书。《论语》为孔子言行记事之滥觞，其后汉司马迁撰《史记》，以孔子入"世家"。宋明以来，集孔子圣迹之书不断增多，出现大量附图以表圣迹的，如以文为主的《孔子家语》，以图为主的《圣迹图》等。而《圣迹图》中所采择的孔子故事，材料多来源于《论语》《史记》这两部书。

《圣迹图》约出现于明代，有彩绘本、木刻本、石刻本。山东曲阜孔府中就有《圣迹图》石刻，但其时代并不很早。今所知、所见的诸《圣迹图》，应以明正统九年（公元1444年）张楷（字式之）序刊的《圣迹图》木刻本为诸本之祖。其后有明弘治十年（公元1497年）何珣（字廷瑞）跋刊本，明弘治年间彩绘本，明正德元年邓文质刊本（已失传），明嘉靖二十七年（公元1548年）沈藩朱胤木多刻本（现藏国家图书馆），明隆庆六年（公元1572年）刊本、明万历十七年（公元1589年）武林吴嘉谟辑、序刊《孔圣家语图》十一卷（现藏中国国家图书馆），以及明万历二十年（公元1592年）山东巡按御史何出光（字兆文）石刻《圣迹之图》一百十二图，拓本、序刊，石同存山东省曲阜孔府。

141

《圣迹图》

周游列国

离开鲁国的这一路，孔子大概是落寞的。"知天命"而不可行，怀理想而不可得，又何尝不是悲哀？"迟迟吾行也，去父母之道也"，孔子为鲁国呕心沥血几十载，到头来却在五十多岁的时候不得不背井离乡，又怎么能不让人觉得辛酸？但是，孔子如果就这样放弃了希望，那便也就沦为常人了。与其说孔子是一个圣人，不如说他是一个理想主义的悲剧式英雄。他渴望用自己的仁政做出一番事业，但在当时的时代却不被接纳。所以他一次次地敲开别国的大门，又一次次无功而返，不是被拒之门外，就是被束之高阁。

卫多君子，其国无患
——孔子过卫、曹

商都朝歌

三千年前，商王武丁是朝歌这座城市的奠基者。商代前期都城不定，经常变更，直至盘庚迁殷后这一情况才得到改善。到了武丁时期，商都迁到了沫邑，此后包括武丁在内的商末四位帝王均以沫邑作为政治中心。纣王执政，沫邑改名为朝歌。只可惜纣王无道，国祚衰亡，曾经不可一世的国君，最终鹿台自焚，与爱妃妲己合葬于淇河之畔。

淇水汤汤，弦歌不绝。朝歌在商末铸就繁华，商亡之后，又作为卫国的都城而继续发挥着政治作用。如今的朝歌故城，多数为这两个时期的文物遗存。这里有现今发现最早的国家园林淇园、留存千年的卫国古城墙，还有《封神演义》中提及甚多的摘心台、鹿台、淇水关等遗址。

行至鹤壁朝歌，商周文明隐含于身边各处。淇县西北处的古灵山，相传是女娲修真处，纣王曾在此祭祀、修筑行宫。而在古灵山不远处的云梦山，雾霭沉沉、层峦叠嶂，自然环境的神秘使之成为鬼谷子的隐居之所。鬼谷之学深厚而变通，苏秦、张仪、孙膑、庞涓，这些叱咤风云、运筹帷幄的大纵横家、军事家均曾受教于此。

从地理位置来看，鹤壁位于河南省东北区域，恰巧与另一著名商都安阳毗邻。若想进一步探寻商文化，不妨顺道去殷墟转转。

河南面食品种繁多，鹤壁自然也不例外。行走在鹤壁市街头，各种面类小吃尽收眼底。商都淇县人最喜爱的两种面食是白吉馍和擀面皮。白吉馍划一个开口，夹入腌制好的腊汁肉，便形成了朝歌地区人们的肉夹馍；此外，当地还有一种石子馍，因在鹅卵石上烘焙制成而得名。擀制成功的子馍配上油、葱花、肉丝，然后放到烧得滚烫的鹅卵石上面炕熟，最后再浇入鸡蛋液，外焦里嫩，荤素得当。

千载已逝，作为现代城市的鹤壁，以其清洁的自然生态环境而成为全河南蓝天最多的绿色城市。现代的朝歌旧址，自然清新、活力无限，必会有更好的发展。

鹤壁淇河

淇县·朝歌古城遗址

地址：河南鹤壁市淇县城北

交通：淇滨客运总站步行1.2千米至黄河路公交停车场站坐107路至淇县汽车站下

门票：免费

文保等级：

推荐评级：★ ★ ★

卫国是孔子周游列国的第一站。

自公元前11世纪末康叔在卫地封国，到公元前209年卫君角被秦二世贬为庶人，卫国共存在了约八百年。没有吴越交锋的传奇，没有齐国的富庶、楚国的博大，他甚至从未挤进"五霸""七雄"所代表的第一等级，然而，却实实在在地成了各诸侯国中存在时间最久的侯国之一。

卫康叔面对的朝歌，是一片废墟。

商王城的痕迹，虽被残垣所掩埋，却仍旧历历在目。早在商王武丁时期，就在这里筑城，当时叫作"沬"。后来武丁又往北迁，沬都废置。此后商王朝的几代帝王，都对沬立之再废，废之再立，直至帝辛在位时期，也就是人们广为熟知的商纣王，才确定沬作为王朝的都城，并在原来基础上不断扩建，据传因城西有朝歌山，故因此命名之。

朝歌作为商王朝最后的繁华之处，见证了商末周初的这场政治大动荡。牧野之战，商六百年的社稷毁于一旦，纣王自焚，他最宠爱的妃子妲己也被周军所杀，子姓的天下由此告终。然而，朝歌古城却并没有跟随商王朝的覆灭而湮灭于历史的长河。周王并没有因为纣王的暴行而对商朝的遗老遗少进行攻讦，反而恩准他们在朝歌这片商人故土之上保留商文化，以传承商人的血脉。

今天的淇县的朝歌古城遗址，还是可以依稀辨认当年的商都格局。帝辛时期的朝歌东有淇河为险阻，西有太行作屏障，城池南北各有三道城垣，至今仍保留有残存。三道城垣中最内的一道为宫城，其内便是这位传奇帝王的宫殿，当地人仍然称其为纣王宫。如今，摘星台、鹿台等代表商末历史的旅游区相继落成，或许在现代人的复原中，我们可以窥探到属于那个时代的起起落落、悲欢离合。

据《史记》的记载，周武王采取了以德行感化商民的政策，得到了民众的推崇。周武王将纣王的儿子武庚封在商都旧址，想通过商王后裔来维持殷商地区的统治，武庚也理所应当地继续居住在朝歌城内。不过毕竟是前朝的遗留势力，周王委派了自己的弟弟——管叔、蔡叔和霍叔对武庚以及商的旧民进行必要的监视，史称为"三监"。武王死后，武庚便联合管蔡以及曾经附庸在商王朝下的东方诸国，希望能够动摇周立国的根本，重建殷商的盛世。周公面对危局，当机立断，与弟弟召公一起集结队伍，东征平叛，获得大胜。一生谋求殷商复国的武庚在战火中死去，在朝代更迭中并没有毁坏的朝歌古城，最终也付之一炬。周公在勘定内乱后，又命齐、鲁、燕等诸侯平定夷狄之人，将原本管蔡监管的殷商之民迁到卫地之后，立另一位弟弟康叔作为方伯，管辖旧民，治理卫国，这便是卫国的开国背景。

作为在殷商城废墟上重建起来的卫王城，位于商朝歌城第二道城墙的上段，因此俗称为"朝歌二道城"。方形的城墙遗存，现在已湮没在当地农家新熟的麦田之下，静静诉说着昔日的辉煌。卫国古城内包含着多处卫国初期的遗址残存，目前除墓葬和宫殿区以外，其他已经进行了比较全面的勘探挖掘。其中在淇县东侧的地方便曾发现了明显带有西周风格的骨作坊遗址——形形色色的动物骨骼以及已经打磨得十分精巧的各式生活用品，体现着三千年前生产力正准备迎接一个大变革的新时期。

纣王墓

朝歌古城位于淇县城北的淇县古城遗存，原为古沫邑所在地。商朝后期，武丁由西亳迁沫，建立沫都，是为武丁城。《史记正义》记载："沫邑，殷王武丁始都立。"后武丁迁北蒙，沫都便遭到了废置。公元前1101年，帝乙即位后改沫邑为朝歌；公元前1075年，帝辛即位后仍袭朝歌为都，就武丁城扩而大之。虽然朝歌是商朝晚期的都城，但朝歌性质上其实是属于行都，商朝名正言顺的首都还是在安阳殷墟。

朝歌古城至今仍遗存有古城垣，部分城墙犹高约10米，顶宽约130米，基厚约150米，城垣东西宽2千米，南北长3千米，城周10千米，总面积6平方千米。武王伐纣，牧野一战，纣亡国灭，600年社稷毁于一旦。但战争并未波及朝歌城垣，朝歌城垣巍然如故。战争结束后，周武王将朝歌地域分封给纣子武庚为诸侯，后武庚叛周，周兵攻下朝歌，宫殿遭受毁坏，朝歌由此成为废墟。

帝 丘

濮阳这座城市的古称，名曰帝丘。丘为高地，以"帝"冠名，自然是对濮阳地区政治地位的肯定。相传五帝之一的颛顼曾在帝丘建都，故有帝都之名。

传说总是给予世人诸多遐想，然而 20 世纪 80 年代在濮阳地区的考古发掘，则证实了上古时期濮阳地区的确是黄河流域重要的一处人类活动场所。考古人员在濮阳西水坡曾发掘出三组蚌砌龙虎图墓葬，根据测定，其年代距今 6400 年左右。这比在赤峰发现的红山玉龙年代还要久远，因此濮阳的蚌壳龙被考古界认定为"中华第一龙"。也正是西水坡的考古发掘，进一步佐证了濮阳地区悠远的历史文化，早在 6000 年前，濮阳地区的定居者们，已率先进入父系氏族社会，在黄河的滋育下实现了自身的文明转型。

夏朝时期濮阳地区昆吾、斟灌、顾等邦国与夏交好，后仲康子相为羿所逐，斟灌氏便伸出援助，辅佐相在帝丘即位。时光辗转至周兴，成王平定叛乱，封康叔于河、淇之间，帝丘为卫国所统辖，并曾一度担任卫都。然而，随着兼并战争的日渐紧张，卫地实力弱小，且正处于中原必争之地，因而疆域几经变迁，公元前 241 年，秦取卫濮阳，卫君被迫迁至野王，濮阳曾经属于卫国的历史印记，也随着天下统一、郡县的革新从而渐渐被时光所掩埋。

今日的濮阳市的戚城遗址，对我们了解春秋时期的卫国文明具有重要意义。除此之外，由于濮阳地处河南最东北处，晋冀鲁豫的交界位置，使濮阳成为抗战和解放战争时期重要的革命根据地。在艰苦的条件下，晋冀鲁豫野战军由刘伯承、邓小平同志带领，曾在临汾战役、定陶战役中取得了胜利。今天濮阳建有晋冀鲁豫野战军渡河纪念地、华野濮阳整军司令部旧址等纪念场所，形成了具有当地特色的红色旅游线路。

濮阳城区小吃以濮阳裹凉皮最为知名，剔透新鲜的凉皮裹上加工好的花生碎、黄瓜丝，浇上特制的汤汁，简便清新、鲜香爽口。

濮阳戚城

154

滑县与濮阳·卫国都城遗址

地址：河南省濮阳市五星乡高城村
交通：坐出租车或自驾前往
门票：免费
文保等级：
推荐评级：★★

公元前 660 年，爱鹤如命而大失民心的卫懿公，在狄人的进攻下竟被吃得只剩下一枚心肝；见证卫国四百年历史的国都朝歌，也被狄人洗劫一空，沦为荒地。面对家国破灭的危局，卫人推举懿公的堂弟公子申继位，是为戴公。戴公带着战争遗留下来的卫国老少在曹地暂住，乞求寻找机会重建卫国。不到一载，戴公去世，其弟文公继位。文公受到当时的霸主齐桓公的保护，在"尊王攘夷"的策略之下，齐桓公召集诸侯征伐狄人，安定了卫国的边境，随后又帮助卫人在楚丘重建都城，这便是卫国的第二座都城。

从公元前 657 年文公重建都城到公元前 629 年卫成公迁都于帝丘，楚丘作为卫都共存在了近 30 年。诚然卫都在楚丘的时间不长，但仍给这座城池留下不少的文物遗存。至今河南滑县八里营乡殿上村仍保存有比较完好的卫国都城遗址，此地现存卫工宫殿遗址一处，故称殿上村，又因宫殿与国君葬地相距八里，所以称八里营乡。时光闪过八百年，这座城池再次出现在历史舞台上，这时他的名字已经变为白马县，曹操官渡之战中赫赫有名的白马坡之战便在此上演。

今天河南的濮阳，原是五帝之一颛顼的都城。公元前 629 年，因黄河的改道，卫成公将都城迁往帝丘，这里作为卫国国都存在了 390 年。2005 年开春，河南省有关的考古工作者在濮阳高城村南发现一处东周时期的古城址。城址大致呈长方形，城墙外有一道城壕。墙体周边分散着众多春秋战国时期的陶片，考古专家由此推断该城就是卫国都城帝丘。据说卫国城址消失于汉代发生的一次黄河决堤，古城被一次性埋入地下。如今时隔两千年再次重回人们面前，不得不说是一种奇妙的缘分。

卫国并没有因为在帝丘建都而迎来复兴，反而在越来越激烈的诸侯争霸中彻底沦入底层。卫侯的封号被一贬再贬，沦为魏、秦的附庸，而卫国的国土，实际上也仅仅保有濮阳周边的小地盘。当战国末期秦王开始了兼并六国的大战略后，卫国也只留下微弱的喘息。公元前241年秦取濮阳等地，卫元君被迫迁往野王（今河南沁阳）。卫国的第三次迁都，也标志着卫国已然名存实亡，然而卫国的国祚仍在默默传承，直到公元前209年卫君角被秦二世贬为庶人。秦之所以长期没有消灭卫国，或许是因为秦卫长期交好，秦国的重臣大多源于卫人；或许是因为卫国多贤者君子，始皇考虑到舆论的压力；又或许是因为卫国的存在感实在太低，灭或不灭，对日理万机的始皇帝来说，其实仅仅是一个形式的问题，无暇顾及。

卫国都城遗址

卫国都城遗址位于河南省濮阳市五星乡高城村，面积约916万平方米。周朝初年，武王将殷商后代武庚分封在朝歌地域，不想武庚后来竟连同管叔蔡叔谋反，周公平定殷商故土的叛乱后，封其同母少弟康叔于卫。作为与周王室至亲的同姓诸侯，卫国一度国力昌盛，在周平王东迁时，卫武公就曾出兵助周平戎。

然而进入东周后卫国逐渐衰弱，公元前661年被狄人所破，卫也失国，后来依赖齐桓公的援助，迁卫于楚丘；后又迁帝丘，均在今濮阳附近。如今，濮阳发掘勘探多处春秋时期卫国的考古遗迹，对研究那个时期的政治经济文化等都具有相当重要的价值。

158

濮阳·孔悝城

地址：河南省濮阳市区
交通：濮阳火车站7路至市教育局站下
门票：免费
文保等级：全国重点文物保护单位
推荐评级：★★★

子曰："鲁卫之政，兄弟也。"

鲁卫两国国君同为周文王之后，鲁国开创者是大名鼎鼎的周公，卫国则是他的幼弟康叔所建，两国自然可称为是兄弟之国。孔子推崇的周礼，在卫国保存得也较为完整，卫地多君子的说法古已有之。且卫国大夫蘧伯玉与孔子私交甚厚，弟子子路在卫国也广有人脉。孔子想重新找到一个地方宣传自己的主张，实践自己的抱负，卫国自然是第一选择。

走出国门，背井离乡的孔子心情难免有些黯淡，但至少此时，初看到卫国城镇熙熙攘攘的人群时，孔子仍然是欣喜的。卫都的繁荣，又使他重新燃起了治国的热情。

来到卫国之后，一切似乎都进行得很顺利。当时在位的卫灵公对孔子礼遇有加，按照孔子在鲁国的地位确定官俸。看似初入卫国的孔子风光无限，大有触碰卫国权力中枢的机会。然而春秋争霸的大环境中，灵公更热衷的是那些霸业之术，对于孔子那些在他看来隔靴搔痒的理论实在没有太多的兴趣。相比于仲叔圉、祝佗、王孙贾这些掌握卫国机要的心腹大臣，孔子虽享受尊敬，但没有什么实际的权力。

虽然并没有什么实职，但孔子可以在卫地广收门徒，闲暇之余也会与慕名而来的各界人士坐而论道。他声名愈显，甚至连卫公的宠姬南子也曾请孔子入宫讲学。南子是宋女，嫁与卫灵公为夫人，受到灵公的宠爱。在史书中，南子被塑造成了一个轻薄又有着野心的角色，据说还私自与宋国的公子朝约会，在卫人看来，这确实有点祸水的味道了。因此孔子此番面见南子多少受到了周围人的轻蔑。面对弟子子路鄙视的眼光，孔子解释说：我本来不想见的，只是根据礼法应该回礼，所见不得不见。子路觉得孔子越描越黑，给了孔子一个黑脸，谁知孔子竟然失态，对学生发起了毒誓。

对于这件事情，孔子身在舆论漩涡之中，大概能做的，只有一遍又一遍地解释，表明自己是无可奈何。事情没过多久之后，一次卫灵公竟与南子同车招摇过市，而让孔子的车跟在后面，卫灵公这样做非常失礼，更让孔子感到没有面子。不久孔子便离开卫国，前往曹国。孔子与卫国的缘分并没有就此而宣告结束，后来他多次返回卫国，前前后后共待了十年之久，占据了孔子整个周游列国生涯的三分之二的长度。

今天濮阳市开州南路的全国重点文物保护单位戚城遗址，便是孔子居卫十年生活最好的证实。相传这里是卫灵公的外孙孔悝的采邑，因而当地人也称其为孔悝城。戚城故城雄踞古黄河之畔，交通发达，水陆俱畅，一直是中原大地的重要文明发源地。从仰韶文化、龙山文化的古拙中走来，在春秋战国的狼烟之中，各国诸侯使臣在戚地共举行了多达七次的会盟。景区中专门设立了纪念孔子的孔子侯馆，以壁画的形式生动记录了孔子在卫十年的重要事迹。步履之间，须臾十年，在漫长的等待中，孔子虽然最终也未能在卫国实现自己的政治理想，但这十年，却是孔子言传身教、广收门徒的十年，也是他思想逐渐成熟的十年。

孔悝城

孔悝城，相传是卫灵公的外孙孔悝的采邑，又称戚城遗址，是春秋时期卫国的一处重要城邑。公元前626年到前531年的近一个世纪内，各诸侯国在卫会盟十五次，其中七次会盟于此，可见孔悝城的重要地理位置和军事价值。

经过当地有关部门的重建整修，如今的整个孔悝城景区是集濮阳历史、文化、娱乐为一体的文化大观园。景区之内，包括会盟台、城墙、阙门、历史陈列室、孔子居卫十年的孔子侯馆、颛顼帝进行宗教改革的圣地——玄宫、反映春秋战国时卫国文化氛围的"桑间濮上"苑、表现濮阳古战场的"历史名战微缩景观"、龙宫、龙湖、车圣相士和他发明的马车、伏羲之母华胥的卧雕及伏羲亭、夏后启在昆吾所铸之九鼎及铸鼎轩等小景观，风格各异，历史文化价值丰富，值得各地游客到此参观。

162

濮阳·子路墓祠

地址：河南省濮阳县城北5公里，今京开大
　　　道西侧
交通：濮阳火车站坐26路至市一中站下
门票：免费
文保等级：
推荐评级：★★

　　除此之外，孔悝城还有另外一个身份，它正是孔
子弟子子路为保护主人、在格斗中殉难处，"君子死、
冠不免"故事的发生地，而濮阳的子路墓祠也在戚城
遗址附近。

　　今人读《论语》，认识到的子路，是那个敢于直
言抨击老师的可爱学生，是那个一身勇力、可让孔夫
子倚靠终生的春秋英雄。据说子路喜欢"冠雄鸡，佩

豭豚”，从汉画像石的子路像中我们也可以窥探到子路的威猛。在受教于孔子之后，他渐渐卸下自己的戾气，穿上了儒服，学习了周礼，坐而论道。或许是本性难移，子路在孔门漫长的求学生活中并没有使自己的个性完全消磨，反而将自己的勇敢和儒学的精华凝聚成一种独立的东西。

子路与孔子的关系充满了喜感，子路时不时地顶撞老师几句，孔子心情好的时候夸上几句便能让子路臭美好几天，要是恰好受了气便直接对自己这个爱惹事的徒弟加以训斥。孔子在议论自己的这些弟子的时候，总会对子路这样刚强的性格感到担忧：“若由也，不得其死然。”不幸的是，孔子的话竟然一语成谶。不过这位经常让人误认为是“莽夫”的子路，却在最后时刻以自己的生命践行了老师的礼的理想与君子之道。

从公元前 493 年开始，卫国便陷于一场持久的争夺君位的政治困境之中。早在卫灵公的时候，当时还是太子的蒯聩因和灵公的宠姬南子不合，几次三番谋划要刺杀父亲心爱的女人。计划败露之后，蒯聩便被灵公赶走逃到了宋国。等到灵公去世，原本应继位为国君的公子郢推辞不干，王位只能由蒯聩留在卫国的儿子辄继承，这便是卫出公。而出公的父亲蒯聩回到卫国，废黜出公，杀死南子，自立为君，这便是卫庄公。

子路的主人孔悝便恰好身处这场政治漩涡之中。孔悝是卫国的权臣，他的母亲便是蒯聩的姐姐。公元前480年，在外政治避难多年的卫太子蒯聩回国，为了能够顺利地废掉自己的儿子自立，便暗中勾结自己的姐姐将出公的权臣孔悝软禁，想以此胁迫孔悝杀出公。子路当时担任孔悝手下的平阳邑宰，听到主人被胁迫后，义无反顾进城保护主人。子路曾言，"食其食者不避其难"，食人俸禄，便要替人消灾，利刃在前时，他心中坚守的道义使他宁肯护主而死，不肯违礼而生，这是子路的价值观。在救援孔悝的搏斗中，子路身负致命之伤，冠缨也被敌人割断，不幸遇难，终年63岁。去世之前，子路从容言道："君子死，冠不免"，他认真系好帽缨，最后捋了捋自己的头发，坦然地走向了生命的终点。

　　今天河南濮阳县城北部，与西南处的孔悝城相对的，便是汉人所修的子路墓冢所在地。岁月流逝，古代的遗迹大多难以寻觅，现在的子路墓祠，是当地政府仿造明清建筑风格而重建起来的。时间变更了容颜，然而处于此地的先贤的精神，却永垂不朽。

子路墓祠

　　子路墓祠位于今河南省濮阳县城北5千米，其始建年代不详，但据《水经注·河水》所载，戚城东有"子路冢"，说明早在1400年前北魏郦道元写《水经注》时就已经确认这里就是子路的葬所。

　　今天的子路墓祠是濮阳市区一处重要的名胜古迹，祠堂依靠子路坟而修建，建筑结构传统，道旁是参天古树，景区规模不大，但在这种宁静古朴的氛围中可以使游客更好地去缅怀先贤，进行历史的祭拜。

太公故里

新乡地处豫北，因姜太公故里而闻名。

新乡卫辉市西北 12 公里处的太公镇内，至今仍保留有众多与姜太公相关的历史遗迹。姜太公墓、姜太公祠、姜太公庙等纪念性场所，吸引着大批姜姓族人前来寻根问祖。作为象征着姜姓族人的太公故里标志上篆刻有代表身份的"姜"字，背景以阴阳八卦填充，外形酷似瓦当。偌大的"姜"字上方形象化为"羊"字，表明了"姜"姓始自伏羲的历史演化。羲从羊，驯化羊而得姓；而外在的瓦当形状，更是表明了姜姓故里的一砖一瓦，故园情深。

除却姜太公故里外，新乡周边还存有比干庙、潞王陵、白云寺等历史人文景观。春秋时期新乡大部属于卫地，《论语》曾记载"子击磬于卫"，至今卫辉仍有"击磬路"，正是对这一记载的印证。全市拥有各类自然景观数百处，这里既有同盟山、九莲山、万仙山等群山环绕，也有百泉景区、八里沟等水流激荡。山灵水秀，人文与自然交相辉映，新乡自然成为旅游度假的好去处。

　　山水相依，美食自然也应锦心绣口。在新乡，最有名的莫过于当地的红焖羊肉。相比于其他地域动辄过百年的传统小吃，新乡的红焖羊肉，或许算得上是个新鲜的美食发明。行至新乡城市街边，不难寻找到几家地道可口的羊肉店铺，汤醇味鲜，秋天的夜晚，吃几口羊肉涮锅，喝几口啤酒，约上三五好友闲聊，不失为一件乐事。

姜太公故里

长垣·学堂岗圣庙

地址：河南省新乡市长垣县城北 5 公里的
　　　满村乡学堂岗村东
交通：坐出租车或自驾前往
门票：免费
文保等级：长垣县县级文物保护单位
推荐评级：★★★

　　孔子本打算离开卫国前往陈国，不曾想刚离开卫国不久就在匡地（今河南省长垣县）遭遇了不测。匡人一见到孔子师徒一行人便如遇大敌，将他们围拘，原因是孔子长得很像阳虎。据《史记》记载，阳虎曾经未打招呼就擅自带兵借用匡地的道路前往郑国，匡人觉得阳虎不把自己放在眼里，因而便记着这笔账。机缘巧合，他们等来了一个"假阳虎"——匡人看到孔子一行入境，抑制不住内心的愤怒，不等孔子解释便将其"拘焉五日"。在这五天忽如其来的惊恐日子里，当弟子们沮丧莫名的时候，孔子以他特有的自信安慰他们说，自从周文王去世之后，我就是周代礼乐文明的传承人了，如果上天想要毁灭文明，那么我死后的天下岂不是一个野蛮人的世界，如果上天还不想毁灭文明，匡人又能拿我如何呢?

无从得知弟子们听了孔子的宣言各做何感想，然而"福无双至祸不单行"，孔子离卫之后竟连罹两难。据《孔子家语》记载，孔子刚从匡人的围困中突围又在蒲地遭遇了危机。如今河南省的长垣县，便是春秋时期匡地、蒲地的所在地，在这里建一个"匡人拘孔子"的景点似乎不太合适，但今天的长垣县还是可以找到与孔子有关的景点，那就是学堂岗圣庙。

当地县志记载，孔子和子路、曾皙、冉有、公西华四弟子周游列国，路过蒲城，忽然下起了大雨，不得已到附近的农户家避雨，后来雨势渐大，孔子一行人便索性留下来，在此讲学七天。这一段记载跟《家语》中被困匡蒲的记述有很大的差别，但"逗留"的意思两者都有，又或许是孔子本就因雨而暂避农家，后人误传演绎成了被拘的版本? 我们不得而知。据说，师徒五人在这里的日子也算得上是怡然自得，著名的"子路、曾皙、冉有、公西华侍坐"的故事也是流传于此。

"点，尔何如?" 鼓瑟希，铿尔，舍瑟

而作，对曰："异乎三子者之撰。" 子曰："何伤乎？亦各言其志也！"曰："莫春者，春服既成，冠者五六人，童子六七人，浴乎沂，风乎舞雩，咏而归。"夫子喟然叹曰："吾与点也！"

文艺青年曾皙的理想受到了老师的高度评价。如果说这个故事发生在一个避雨的农户家，虽说是有点不符合我们的心理预期，但也颇具颠覆性和戏剧性。不管这个说法的真实性如何，这个地方无疑留下了孔子的足迹。

而今的学堂岗圣庙早已不复当时的破败，自汉代起，经过历代的重修，也早已成为行制上类同孔庙的孔学纪念建筑。

长垣当地歌谣里唱："圣人琴自己鸣，关夫子勒马听琴声。"圣庙的东南隅，还安置有纪念武圣关羽的庙宇，庙内立有关公勒马倾听孔子琴音的塑像，与孔子塑像相互应和，文圣人与武圣人便依靠着琴音联系在了一起，这样的结合，是百姓们愿意看到的。

岁月的流逝使得圣庙早已不复昔日的景象，虽然后来人又重新修葺过，但和从前的胜景相比，也只是草草了事。正如石碑中所提，"兹帮原鲁卫，谁建学堂岗。野草荒烟碧，行云落日黄。断琴传古志，遗像自凄凉。心法何曾泯，旁人空望洋"，圣庙作为孔子的化身，自其存在起，便与儒家荣辱与共。

学堂岗圣庙

学堂岗圣庙位于今河南省新乡市长垣县县城北部,据《名胜志》这本书记载:"昔孔子聘列国与四弟子(子路、曾皙、冉有、公西华)弦诵于此,故曰学堂岗。"为纪念此事,后人便在岗上修建一座孔庙,这便是学堂岗圣庙的由来。

根据相关记载显示,学堂岗圣庙始建于两汉,唐宋渐盛,元遭战乱,明天顺三年(公元1459年)重建,经明、清两代十数次增修,逐渐成为豫北规模宏大的古建筑群。棂星门、大成殿、古坛亭、"春风、化雨"二亭、深造堂等,都是学堂岗圣庙的标志性建筑。

卫辉·孔子击磬处

地址：河南省新乡市卫辉市击磬路
交通：新乡火车东站坐 66 路至平原路新王街
　　　口站下，换 192 路至卫辉交警大队站下
门票：免费
文保等级：新乡市重点文物保护单位
推荐评级：★

　　孔子在留卫的十年里，政治上并没有什么建树。

　　居于卫地的孔子，除了日常与弟子们论道，或是受人所约前去讲学外，大部分的时间是闲暇的，孔子便用了大量的时间来进修音乐。据记载孔子就曾经拜过当时在音乐上极有造诣的师襄为师，学习乐曲。师襄据说是卫国的乐师（也有说是鲁国人），擅长击磬，因此时人也称其为磬襄，孔子在他指导下学琴，音乐

功力不断增进，更重要的是对乐理的独到见解以及对音乐背后的礼仪也是体会深刻。

师襄为代表的乐师们以音乐技巧的精湛而闻名遐迩，对他们而言，衡量音乐的标准更多在听音，而对音乐所表达的意并不十分在意，孔子则不然。当师襄一再示意孔子已经达到标准之时，孔子却仍孜孜不倦，苦心钻研。孔子把自己的情感和想法融入自己的音乐之中。在卫国的闲暇时光中，孔子以击磬为乐，长此以往，自然有懂得孔子所奏之乐的"知音"来访。可能由于这个知音仅仅扮演了一个路人角色，史书上的记述匆匆带过，连个完整的姓名也没有，《论语》中把这个知音者称为"荷蒉"，"蒉"意思为古代用草编的筐子，"荷蒉"二字估计指代着一位春秋隐士的形象。

据说一天，郁郁不得志的孔子正在住所击磬，有一个挑着筐子的汉子在门前走过，便听出了孔子的心声：

  鄙哉，硁硁乎！莫己知也，斯己而已矣！深则厉，短则揭。

在这位过路人心里，孔子的乐音，并不是简单的演奏，而是有意向他人袒露自己的心志，借此寻觅知音，以此求得能使自己施展政治梦想的仕途。孔子知道有人戳中了自己的心事，只能仓促答道，要那样可就厉害了，就没有什么可以为难的事了。

至今河南卫辉仍保留有刻着"孔子击磬处"字样的石碑，相传便是孔子过卫时击磬的所在。击磬处的遗址在清乾隆年间曾经重修过，当地政府将带有皇帝亲笔手书的石碑放置在精心打造的亭子里，门楣上有"玉振余韵"四字。遗憾的是，由于年代久远又没有妥善保管，时至今日，乾隆时期打造的文物已有不同程度的受损，只有乾隆御笔亲书的石碑依然屹立不倒。

清人有诗云："感慨寓击磬，荷蒉亦知音。神龙慕天飞，潜鱼乐渊沉。飞潜各殊性，焉用相规箴？至今击磬处，遗迹犹可寻。"荷蒉丈人虽然选择了与孔子完全不同的路径，以出世的情怀笑对世间的汲汲于世俗，但出世与入世，孰优孰劣，其实本无定论，即便所求不同，他又何尝不是孔子的知音？

孔子击磬处

　　《论语·宪问》曾记载"子击磬于卫"，孔子周游列国，就曾在卫地击磬讲学。历史记载，北魏时期卫辉地区就有关于"孔子击磬处"的纪念性建筑，明人修建有"击磬亭"，亭为两层楼阁式的三间亭，四周为巡回走廊，明柱环绕，亭角为双层排角，房脊为卷棚式顶。清代乾隆皇帝曾御笔"孔子击磬处"五个大字于其上，笔体开张，气魄浑厚，具有一定历史以及艺术价值。

兰考

　　提到兰考，人们总是首先会想到焦裕禄。

　　这位普普通通的县委书记，以其踏实严谨的工作作风和平易近人的热心态度而被今人铭记。为人民谋福利，民众自会感恩报答。时至今日，兰考为了纪念这位感动全中国的县委书记，先后修建了焦裕禄纪念园、焦裕禄精神体验基地等一众纪念场所。特别是焦裕禄精神体验基地，位于焦书记当年治沙的首试地—东坝头乡张庄村南，在保留当年沙丘风貌的基础上，以实地参与的方式，从而让体验者们切身感受当年治理"三害"时战天斗地的革命精神。与焦裕禄相关的影视作品不少，然真正前往当地，实景、实物立于眼前，故人不再，但精神与感动尚存。

　　兰为兰封，考指考城，二县合并，兰考之名故由此始。兰封在清末之前称为兰仪，仪便指代仪封。《论语》中有"仪封人请见孔子"的故事，如今当地仍有因此事而修建的请见书院。从行政区划角度而言,兰考原是由开封市进行管辖的,但2014年以来,河南全面实行直管制度,作为十个直管县之一,兰考脱离开封而直接由省政府进行管辖。但在文化区域来说,当地居民仍然将兰考与开封联系在一起。兰考作为县城规模不大,游览兰考之余,不妨行至开封。这个古称汴梁的地方是六大古都之一,因一幅《清明上河图》而举世闻名。北宋商业繁荣、城镇兴起,身为宋都,开封也以史实遗存为依据,依托历史演义与文学故事,打造了一批以宋时期为主题的历史文化公园。在开封,龙亭公园建于宋金宫殿遗存之上,复原皇室建筑的辉煌灿烂;以《清明上河图》为蓝本的清明上河园,以实景再现古代商业的繁荣,此外,北宋御街、铁塔公园、天波杨府、包公祠、大相国寺等等,这些带有深刻宋代印迹的人文景观,使游人仿佛穿越时空,置身于大宋的文化胜景之中。

东京梦华、车马喧嚣,豫东游览,开封实在是个不能不去的地方。

兰考焦裕禄同志纪念馆

兰考·请见书院

地址：河南省兰考县仪封乡
交通：兰考火车站坐兰考4路至塔坟站下
门票：免费
文保等级：兰考县级文物保护单位
推荐评级：★★

实际上孔子的心意在《论语》中曾偶有提到：

子贡曰："有美玉于斯，韫椟而藏诸？求善贾而沽诸？"

子曰："沽之哉！沽之哉！我待贾者也。"

子贡是孔子的学生，喜欢向老师提问。这天，子贡问孔子："我有一块价值连城的美玉，我应该把它小心藏匿起来还是把它以高价卖出呢？"其实，美玉只是一个比方，子贡想问的是满腹经纶、心怀道义的君子应该如何应对这种"进"与"出"的问题罢了。

这一问戳中了孔子的软肋，在卫十载，默默无闻的孔子是否是真心沉醉于音乐，从此金盆洗手，修身养性了呢？孔子给出的答案，或许说是对自己人生的回应："沽之哉！沽之哉！我待贾者也。"看来，孔子一直是期望有一个真正懂他的人来寻访他的，希望向姜太公钓鱼那样，有求贤之士真心求访，继而委以重任。

孔子花费了大把的时间，却没有等来自己的"周文王"。卫国的朝堂之上，并没有真正属于孔丘的位子。正当孔子心灰意冷、决计离开之时，有一个群体对孔子和他的整套理论投以极大的热情，他们就是仪封人。

仪是卫国的一个小地方，封人是指守卫疆界的小官。虽然身份低微，但求贤问礼之心，却丝毫未曾减半。这个封人可以说是热衷于拜访名人的知识分子代表，他说：每一个君子来到这里，我都会来拜访，然后就顺利地见到了孔子。出来以后，他就对孔子的弟子说："你们这些人还在忧虑些什么呢？天下无道很久了，上天是派你们夫子来当木铎的。"封人所说的木铎，指的是一种有木舌的铜铃，古代天子发布政令时摇它以召集听众，把孔子这个漂泊无定的异乡人比作木铎，当然是对孔子极高的评价了。在今天的兰考县的仪封乡，仍保留有仪封人请见孔子处的标记，作为当地的一张文化名片，吸引了无数海内外游人前来参观。封人因识得孔子的仁德而被人奉为贤者，南宋大儒朱熹曾言，"贤而隐于下位者"，便是对这位历史小人物的极高肯定。

黄河古道，君子之乡。仪封人爱贤者，访古礼，得到了后世人的赞许，两千年之后，被康熙皇帝称为"天下第一清官"的张伯行，同样是仪封人。

一丝一粒，我之名节；一厘一毫，民之脂膏。宽一分，民受赐不止一分；取一文，我为人不值一文。谁云交际之常，廉耻实伤；倘非不义之财，此物何来？

这是这位清官在谢绝别人的私惠时所写的文章，名曰《却赠檄文》。檄文是一种类似于公告的东西，张伯行为了避免官员之间的行贿之行，公然写成一篇檄文，足可见其遏制不正之风、致力于重建官场秩序的决心。这位清官估计也是意为崇尚孔子之道的儒生，他曾在自己的家乡仪封建造了一座请见书院，以纪念孔子和仪封人之间的故事。书院大门上书有一副对联："循礼循道一部论语教化天地；至圣至尊万世师表辉映古今。"孔子的思想，虽然没有当权者欣赏，但却因像仪封人这样的"下位者"而传承千年，教化天地，孔子的理想，通过时间的无尽，得到了实现。

请见书院

　　"封人请见夫子处"景点位于河南省兰考县仪封乡。为纪念封人请见夫子之事，后人镌刻有"请见夫子处"石碑，现兰考县存有残碑，为当地重点文物保护单位。作为当地政府打造的"封人请见夫子处"的景区内容之一，请见书院也成为近年来仪封的一张历史文化名片。据传，被清康熙皇帝誉为"天下第一清官"的张佰行就是兰考仪封人，请见书院就是他在家乡所建造的。为了提升整个景区的知名度，促进孔子文化的发展繁荣，当地政府也不断对请见书院进行整修。目前景区已投资300余万元，将来还要扩大规模，请见碑廊、书画院、图书室、生态园等文化旅游设施也将逐步建成。

曹州

周文王六子封曹伯，于陶丘地域建立曹国。此后很长时间，这里均以周时故国旧称而命名，曹州古称因此得来。

陶丘因曹伯而建城，却因一个商人而远近闻名，这就是陶朱公。据说这个春秋时期富甲一方的大商人，就是曾帮助勾践复仇吴国的大夫范蠡。陶朱公三聚三散的传奇故事仍旧在耳，而作为陶朱公的定居之所，陶丘也凭借着水陆并行的优越交通条件而被冠以"天下之中"的美誉。

定陶繁华，曹州富庶，牡丹国色天香的雍容气度自然也与之交相呼应。洛阳牡丹在唐宋时期盛极一时，但明清以后，曹州的牡丹园林也逐渐成熟，于近代名满天下。如今，随着科技的进步和政府的支持，菏泽已经建成了世界上面积最大、品种最多的牡丹种植园。曹州牡丹园汇集了曹州地区牡丹种植从古至今不同时期的发展成就。身处在仿明代建筑的观花楼之上，俯览群花争妍，古典园林之美、各色牡丹之盛，尽收眼底，流连忘返。

　　菏泽除却有"牡丹之都"的美誉，还因"武术之乡"而被人熟知。相传仅清朝一代，菏泽一带便有武状元两人、武进士三十多人。时至今日，像全国武术全能冠军张玉萍、现代中国"武状元"陈超、举重运动员马文广等都是来自菏泽。菏泽街巷多有习拳的民众，当地流行流传的武术拳种多达 39 个。

　　事实上，回顾菏泽曹州的历史，与济宁重文不同，这里习武之风早有渊源。战国著名军事家孙膑，故乡便在曹州，此后各路英雄将士更是不胜枚举：这里既有如单雄信、徐茂公这样的名将，也有像黄巢、宋江这般的起义军。宋江因《水浒传》而家喻户晓，其家乡郓城正是如今菏泽当地的辖县，与济宁水泊梁山相仿，菏泽在郓城也建有水浒好汉城，与梁山一北一南，演绎属于山东好汉的传奇故事。

曹州牡丹园

定陶·曹叔振铎墓

地址：山东省菏泽市定陶区
交通：定陶火车站坐 106 路或 108 路至仿山
　　　庄园站下
门票：免费
文保等级：山东省重点文物保护单位
推荐评级：★★★

孔子离卫而去，刚好来到定陶这一片区域。

从古卫地向东行，进入山东省境内，在今天菏泽市中部，有一座县城叫作定陶。定陶古称陶丘，是春秋曹国国都的所在地。公元前 1046 年，灭商大业最终完成，曹叔振铎作为周王的弟弟，被委派到了古陶国的地界，做了曹国的第一代君主。曹国在春秋群雄并起的时代一直充当着一个默默无闻的二线演员的角色。在孔子周游列国的长途奔波之中，曹国似乎只是充当了孔子漫漫路途中的"中转站"。在史书的空白背后，流传给我们的，也只有一则美丽的传说。

定陶城北的仿山，高高低低的墓冢，是曹国历代诸侯国国君的墓葬。成片的土丘，述说着历史的厚重。在这种低沉和压抑之中，"阿谷停云"的故事，正如他的名字那样，为这个地方增加了一丝灵动和活泼。孔子离卫而去，郁郁寡欢，途经仿山之时，偶遇一位年轻美丽的村女正在氾水边洗着旧衣。好奇心作祟，或许也是在卫国受了南子舆论的影响，孔子便委派自己的弟子子贡去打探一下这位美丽的村女内在的品德是否真和她的外表一般。子贡听从了老师的安排，于是便拿出杯子，佯装口渴的样子来向村女求杯水喝。谁知道村女恭敬地接过杯子，舀好水，并没有直接交给子贡，而是只把水杯放在沙地上："男女授受不亲，请公子自便。"

村女落落大方，而且深知礼节。然而孔子还是心存疑虑，便把自己随身所带的古琴拿出来，抽掉琴轴，交给子贡，示意让那个村女来帮他调琴。然而这一次，村女并没有同意，拒不接受。子贡碰了壁，悻悻离开，回去把这件事告诉了孔子。谁知道孔子愈发来了兴趣，拿出一块布交给子贡，要他去给那村女，看村女如何表示。

连续两次被老师派去跟一个素不相识的村姑攀谈，况且那个村姑还不识抬举，拒绝了自己，于是这次子贡失去了耐心，故意对村女发了脾气："我这里有一块葛布，本想送给你，可我觉得你实在不配，那么我就只好把它放在河边，任人拾去好了。"

村女一听子贡的讥讽，便一下子对子贡进行指责。大概是说："你三番两次的跟我攀谈，我出于礼节回应了你，但你竟然又拿一块布扔在这里。男女授受不亲，你要是再纠缠不休，就不怕落个狂徒的丑名吗？"子贡毕竟也是个熟知周礼的儒门大弟子，听到一个自己所轻视的村女的批评，便羞愧难当，于是灰溜溜地回去，把事情如实禀告给了老师。而孔子听完报告，对村女的行为加以肯定，村女通情达理、品行高洁的形象，也因此树立起来。据说当时天空湛蓝，白云朵朵，停留在孔子所经山谷的上空，孔子触景生情，不禁赞叹："阿谷停云也。"白云蓝天，正如村女高尚纯白的品德。

虽然只是民间传说，但也是孔子过曹留下的历史回声。至今定陶的仿山上，仍有"阿谷停云"一景。仿山由东西两山构成，中间一道，即为孔子所说的"阿谷"。而阿谷之上，曹国王室的家族墓冢安置于此，据传东山为曹国历代国君的墓寝，西山则是曹叔振铎次子卞和一支的长眠之处。孔子过曹之时，路过仿山，便曾拜谒过曹国开国君主振铎的墓冢，以显示自己对周初社会的深深怀念。

189

仿山东侧大大小小的墓冢，到了曹主伯阳便戛然而止了。曹国最后一个君主曹伯阳，也是一个很有野心的君主，然而却空有大志而无大略。伯阳继位之后，任用了一个名叫公孙强的平民担任司城来指掌曹国的大小国事。在公孙强的谋划下，曹国上下贯彻着"称霸"的策略，大张旗鼓与晋国绝交，并且集结各路兵马想要凭此来侵犯宋国。在伯阳和公孙强这一番夜郎自大的折腾之后，公元前487年，宋国忍无可忍，一举出兵灭了曹国。可怜曹伯阳和公孙强玩火自焚，最终被宋景公处死。曹国共历二十六世，国祚相传636年，最终没能熬到战国的大兼并时期，在春秋末年便灭亡了。

仿山旅游区

仿山墓群

　　仿山旅游区位于定陶区城北6公里处，仿山是西周曹国国君墓群地，属山东省重点文物保护单位。根据史籍记载，公元前1046年，武王灭商，分封天下，封其弟振铎于曹，建曹国，都陶丘。古定陶在两周时期一直是曹国的政治、经济、文化、军事中心。曹国历代国君为显示其经济实力和政治权势，将王墓的封土尽力加大，逐渐形成如此之高阜，即仿山。

　　公元前487年，曹国灭亡，曹民为怀念故国，便在仿山建造曹伯祠用以祭祀。曹伯祠屡圮屡建，延续不绝，成为曹姓后代认祖归宗的重要场所。除此之外，仿山山脉拥有大量寺庙道观，庙宇达40余座，这也使得仿山成为一个风景寺庙园林景区。

丧家之狗——孔子过宋、郑

芒砀山区

永城最为人熟知的，便是周围广袤的芒砀山。

芒砀山因汉高祖刘邦斩蛇起义而名存青史。这个曾被乡里认为不学无术的平民天子，在天下苦秦的反抗浪潮中，斩白蛇、放征夫，身举义旗、振臂高呼，最终秦亡而汉兴。

秦汉之际、群雄逐鹿，刘邦虽然是最后的胜者，但终究只是这个大时代中搅动风云的其中一人。郁郁葱葱的芒砀山，掩埋着这场起义的最初领袖。陈胜在起义之后不久便被车夫庄贾杀害，如今芒砀山主峰南侧山脚下便安置着这位中国历史上第一位农民起义军领袖的墓冢。

作为秦汉文化的汇聚地，芒砀山散布着大大小小的汉代墓葬，经考古调查以及相关史料记载，这些汉墓大部分均是西汉梁王的家族墓葬群。第一代梁王刘武是西汉文帝之子，景帝的同母胞弟。而芒砀地区地属中原，富庶的土地足以看出梁王在西汉宫廷内的

192

春风得意。位于芒砀保安山南麓的梁孝王陵与北峰王后陵相对，属于夫妻"同坟异穴"的合葬地宫。梁国地大物博，梁孝王更因"七国之乱"的平定而荣宠非常。相传王陵内奇珍异宝不可胜数，后世虽几经盗窃，但芒砀山区庞大庄伟的梁王地下宫殿，跨越千载，仍旧向世人暗示着这里曾经的显赫雄奇。

可惜的是，梁国的繁荣与盖世的荣宠终使这位藩王心生杂念，刘武依仗着生母窦太后的宠爱和梁国地广兵强，欲继汉景帝之位，遭到了景帝的猜疑，最终郁郁寡欢，得热病而亡。而其背后的梁国，也在愈演愈烈的削藩浪潮中渐渐衰落，历经四世而国除。

芒砀山

永城·孔子避雨处

地址：河南省永城市芒砀山主峰西南夫子山南坡

交通：商丘市火车站有车直达邙山镇

门票：芒砀山通票 100 元

文保等级：河南省"三点一线"的黄金旅游带

国家 AAAAA 级旅游区

河南省文明旅游风景区

中国国际最具发展潜力的旅游景区

推荐评级：★ ★ ★ ★

孔子自曹过宋，芒砀是必经之路。

民间有传："生与苏杭，葬于北邙"，邙山土厚水低，历来是绝好的立墓之地，多少的英雄好汉长眠在此，高高低低的墓冢，无声地诉说着他们的主人曾经的荣耀。芒砀山脉，群峰雄奇。在芒砀西面，有一座山峰，低矮平缓，并不起眼，然而却因孔子过宋的故事而进入世人的视野之中，并且获封"圣名"，被称为"夫子山"。孔夫子在宋国的故事便由此展开。

芒砀山地属季风气候，且周边为大泽，常常是阴雨连连，雾霭沉沉。那个时候，交通又不发达，崎岖的山路无法令简陋的车辆畅行，孔子一行人只好背负着行李书箧，在山间徒步行路，而一旦遇上大雨，行程定然会耽搁。孔子运气不好，一入芒砀山境，就遇到了大雨滂沱，弟子随身携带的书籍讲稿，被突如其来的大雨淋得全部湿透。无奈之下，孔子只得命令弟子们在山间的石洞里暂时避雨，同时也利用自然而成的石台将淋湿的书一字码开，只等雨过天晴，实施必要的抢救。今人看孔子的周游，将其认作为孔子学说的广而散之；可是，对于一个急需平台来施展才能、重建周礼的进取的灵魂来说，这场游历却一直都如身处阴霾之中般昏暗可怕。不断的奔波和不断的希望落空，从另一个角度来说，孔子的确是那个"找不到位置的夜行人"。

两千多年前，孔子匆匆而过，或许有些狼狈的脚步，化作了今日的圣迹。夫子山，夫子崖，据说正是孔子当年的避雨之处。天然的石室之内，是孔子庄严肃穆的石像，拱手缩颈，屈膝盘坐，正是我们心中孔圣人应有的样子。石洞的正上方有一块平坦的巨石，相传是孔子与弟子们晒书的旧台，晒书台光滑如玉，并且一年四季不沾露水。当地村民对此深信不疑，将其描述为上天对孔子"克己复礼"之业的肯定。曾经在此避雨晒书的孔子，究竟是当地农民心目中的圣人，还是今人小诗中塑造的孤独者，穿梭在芒砀丛林之中的人们大概可以找到真切的答案吧。

在河南上蔡县，另有一处晒书台。跟芒砀山的境况相似，据说孔子在由蔡至楚的过程中，天遇大雨，书箧浸湿，不得已等到天气放晴，与弟子们抢救书稿。如今周边是大片的农田，只有刻着"孔子晒书台"的石碑一块，表明这里曾经发生的故事。

像这样以孔子避雨晒书为名兴建的景点，其实并不在少数。除了先前提到的芒砀山和河南上蔡县之外，湖北省境内还有两处，其中说法，虽细节处有差，但大体同类。种种传说，众说纷纭，但孔子在周游列国的途中晒书一事确是广为流传。孔子是个爱书人，民间一条著名的歇后语可作为一证：孔夫子搬家——净是书（输）。即使在周游列国的途中，经历了种种政治上的不如意，甚至还有生命的威胁，他仍然不忘自己的一堆书。即使路途匆忙，仍要将书好好地晒一晒。

孔子避雨处

　　孔子避雨处位于芒砀山主峰西南夫子山南坡，是一处天然悬崖，下有石室，进深6.5米，宽20米，最高处约4米。传说春秋末年孔子周游列国，率弟子去曹适宋，途经芒砀山一带，突然天降大雨，只好在此避雨。后人为纪念孔子，雕孔子石像一尊置于孔子避雨的石室之中。经过岁月的侵蚀，石像现在面部已残。除洞内的石像之外，洞外石刻也很多，石室东侧仅存明代残碑二通，为明万历年间所立。夫子崖前有晒书台景观，传说孔子因大雨使得书篋淋湿，因此雨过天晴之后便率弟子在此台上晒书，故名"晒书台"。

197

文学鼎盛

若是去回溯商丘的历史，就会发现，商丘是个极具文学底蕴的城市。

先不论先秦时期的百家争鸣，商丘隶属宋地，中原文明的灿烂吸引着大量的纵横家和思想家。作为殷商故地，早在夏商时期，便已然成为文化胜地。商丘境内散布有仓颉墓、帝喾陵、阏伯台、伊尹祠、商汤庙、微子祠……这其中，不论是上古传说的人文先祖，还是夏商的帝王将相，抑或是造字的仓颉、烹饪的伊尹，均是那个时代商丘文明显现的真实写照。

商丘故地，孕育着中原文明。而在秦汉以后，随着政治中心的迁移，商丘的军事政治功用被削减，商丘文明中的文学因子却逐渐凸显了起来。先是西汉时期，商丘为梁孝王刘武的属国。刘武爱好文学，因而在国都睢阳营建梁园，招揽各方文学名士，以和诗作赋，相互追捧。当时，以邹阳、枚乘、司马相如、公孙诡、羊胜为首的汉赋名家均在梁孝王的梁园充当宾客。一时间，梁园文学影响深远，"梁王宫阙今安在？枚马先归不相待。舞影歌声散绿池，空馀汴水东流海"，诗仙李白曾慕名前往梁园，只是面对园内断壁残垣的荒凉颓圮，回想当初的文学盛况，不禁留下声声慨叹。

时光流转，梁园难复，即便是唐宋这样的文学盛世，也难以复原昔日的对酒当歌。然而，唐宋毕竟是唐宋，唐诗的明快、宋词的婉转，都能在商丘古城寻找到蛛丝马迹。北宋建国于汴梁，同时又分设四京共同担当京城之职责，其中南京便是商丘所在的应天府。至今商丘古城中仍设有应天书院，作为著名的四大书院之一，书院在庆历年间改升为南京国子监，担当了北宋王朝的最高学府。想象一下，在千年以前，多少志士仁人，鱼贯而入，苦读诗书，酬志报国，该是怎样一番气概。

"天下庠序，视此而兴"，兴文学、知礼义，故能修齐治平。

商丘古城

商丘·文雅台

地址：河南省商丘市睢阳区商丘古城南湖东
　　　南畔
交通：商丘火车站坐 29 路至华夏游乐园站下
门票：免费
文保等级：商丘市重点文物保护单位
推荐评级：★

　　孔子过宋之时，曾经"回乡祭祖"，至今河南夏
邑仍有孔子还乡祠以纪念此事。宋国可以说是孔子的
另一个家乡，然而孔子周游列国，却并没有在宋国停
留很长时间，甚至因为危险不得不匆匆离开。

　　桓魋是宋国的司马，据说也是宋国王室的同族，
办事机巧，最得宋景公喜爱，他握有当时宋国的兵马
实权，在宋地可谓是呼风唤雨，有求必应。桓魋也算
得权倾朝野了，既然手握重权，在"视死如视生"的

中国古代，桓魋追求厚葬，也在情理之中。偏偏这位桓魋过于心高气傲，好大喜功，竟然修筑石墓，历时三年也没有成形，工匠们都为此怨声载道。孔子遵循着君君臣臣的礼数，加上这个桓魋实在是做过了头，自然怒不可遏："像这样奢侈浪费做棺材，死了不如快些烂掉才好。"这是《孔子家语·曲礼子贡问》中记载的一则故事。

这位宋国司马自然也容不下孔子。孔子作为宋国的王室远亲，声名在外，景公想称霸中原，希望孔子来为自己造势。桓魋听说有个鲁国来的儒生将会得到重用，便对孔子心生敌意，不时劝谏宋主不要任用孔子，还将孔子描述成极有政治野心的弄权者，孔子在鲁卫两国都得不到重用，那是因为国君看透了孔子的野心。宋景公宠爱桓魋，再加上他又说得有理有据，便也对此深信不疑。

也许是孔子的批评声传到了桓魋的耳朵里，当听说孔子与弟子们在大树下习礼后，桓魋派人直接拔了那棵树，并趁机来谋害孔子。面对突如其来的灾难，孔子依然淡然应对："天生德于予，桓魋其如予何！"不过无所畏惧是一种态度，知所进退是一种策略。桓魋事件以后，孔子便将离开宋国提上了具体的日程，本来令人期待的还乡之旅就这样草草结束。

根据北魏郦道元《水经注》的记载，那个据说造了三年、劳民伤财的桓魋墓在"山枕泗水、西上尽石"的地方"凿而为冢"。今天人们发现的桓魋墓应该就在江苏省徐州市铜山区茅村镇洞山村的桓山西麓。虽然已遭严重破坏，山壁上依稀还可辨认出"桓魋石室"四个大字。在破败之中，前人所刻《游桓山》仍依稀可辨：

苏公文未泯，桓子恶难湔；俯仰皆陈迹，登临亦偶然。

涧花焉向半，石洞湿生烟；王事遑宁处，乘风欲放船。

而当初桓魋想加害孔子的那个地方，就是现在的商丘文雅台。文雅台原为一块高出地面的台地，以纪念孔子适宋之时教习周礼而建造。而据说那棵被桓魋派人拔掉的檀树，在古树连根被拔起之后便形成了一个土坑，名曰檀树坑。光阴荏苒到了汉代，宋国已逝，汉文帝将这一带分封给他的儿子梁孝王刘武，由此便成了梁国的属地。梁孝王是一个有雄心更有雅兴的诸侯王，他在位期间，在周边又建起了座规模宏大的园林——梁苑，文雅台就被囊括其中。据说在当时文雅台之上，梁王斥资修建了一百多间楼阁，常邀各地有声望的文人墨客在此吟诗作赋，欢饮达旦，当时有名的司马相如、枚乘等人就在其中。为纪念孔子，刘武在檀树坑上建了一座六角亭。虽多次遭到破坏，但经过当地政府的重修，今天的我们，也能看到这里曾有的辉煌。

文雅台

　　文雅台位于今河南省商丘市睢阳区商丘古城南湖的东南畔，鲁哀公三年（公元前492）孔子适宋，与弟子习礼于此，到了西汉时期，这里被纳入文帝之子梁孝王刘武的梁园之内。梁孝王建亭台楼阁，邀请司马相如、邹阳、枚乘等文人名士在此燕集唱和，故有文雅之名，称作文雅台。土台高2米，面积8800平方米，外有院落，院内有两层六棱亭，亭内有一石刻孔子行教图碑，传说是吴道子所绘。现存有孔子石刻画像残碑等文物，都珍藏在睢阳博物馆内，供游客参观。

天下之中

来至河南，自然应当去省会郑州转转。

同商丘相似，现代的郑州留给中国的印象，更多的是连接东西交通网络中的一处重要枢纽。郑州作为公路、铁路、航空兼具的综合枢纽，拥有亚洲最大的列车编组站和中国最大的零担货物转运站，正因如此，郑州市区的世纪欢乐园，便是以郑州铁路发展为主题建成的现代游乐场所。

郑州历史悠久，是华夏文明的重要发祥地之一。舜封禹于阳城，其地正是现在的郑州登封；商代仲丁即位元年，都城亳遭遇河决之害，国都西迁于今郑州商城，后管、郑、韩等国均在郑州周边建邦立国，郑州也因此成为重要中国古都之一。事实上，若是商讨郑州的文化渊源，还要向上追溯到黄帝。

河南郑州新郑市区的轩辕路，史书中记载为有熊氏的族居地，因而被誉为黄帝故里。每年的农历三月三，当地都举行规模宏大的拜祖大典。众多名人政要齐集一堂，共同纪念这个属于炎黄子孙的盛典。自汉代建轩辕庙以来，庙宇兴废不断，至明隆庆年间，于祠前修建"轩辕桥"，清又立有"轩辕故里"石碑。21世纪以来，当地政府又经过了两次较大规模的整修，最终成就今日黄帝故里的主体景观。

　　登封市西北，屹立有五岳之一的中岳嵩山。东依郑州，西临洛阳，北望黄河，南靠颍水，物华之盛，尽收眼底。在嵩山，既可去往太室山南麓，体验嵩阳书院的经典传承；也可攀爬至五乳峰下，领略少林寺的武学教义。少林武术是中华武术之瑰宝，随着与少林相关的小说、影视作品的流传，少林寺早已成为远近游客探寻江湖武学的胜地。为了传播武学文化，嵩山少林寺每天都会举办数场基本的武术表演，游人大可在嵩山领略中华武术文化之妙。

郑州

嵩山

郑州·新郑东门（宣圣台）

地址：河南省新郑市郑韩故城
交通：新郑火车站坐新郑102路至中医院站下
门票：免费
文保等级：全国重点文物保护单位
推荐评级：★

孔子周游列国的下一站是郑国。

说起郑国，在春秋战国的争霸兼并中，郑国的名号一直不能跻身一流水平，但郑庄公无疑是整个诸侯争霸史上的第一人。

郑国在周代分封的上百诸侯国中显得非常年轻，周宣王的弟弟姬友获封在郑，统领与王畿紧密相连的关中地带时已是西周末年。由于获封时间较晚，刚刚兴起的郑国君主与周王室保持着近于其他诸侯的血缘关系，因而深受周王的器重。当犬戎攻陷镐京之际，第二代郑侯郑武公便主动担当起了保卫周天子的重任，保护平王一路东迁至周洛邑。而与周王室息息相关的郑国也受此影响，搬迁到了中原的新郑一带，形成了春秋郑国疆土的雏形，直到战国初年，韩武子讨伐郑国，幽公被杀，之后的郑国，便陷入了郑韩互战的泥潭中，不能自拔，最终元气耗尽。韩哀侯灭郑后，郑国的身影，就此消失在战国兼并的大潮之中。

两千余年已逝，在今天的河南新郑，仍然可以看到郑韩两国遗留下来的痕迹。虽然故城的宫殿及其他建筑早已被毁得无所遗留，但大部分的城墙仍保留完好。故城分为东西两区，东为作坊，西为宫城。特别是东城的手工业作坊区，曾经出土过大量的春秋物件，这些物件时代久远，虽不比当代精美，但其古朴与大气，则足以令今人叹服。

公元前 230 年，苦心抵挡秦军多年的韩国，最终被强秦全面击溃，韩国覆灭，成了东方六国中最先溃败的诸侯国。从春秋的郑到战国的韩，诚然他们也曾励精图治，小霸诸侯，却又不得不去面对自己地处中原、四方受敌的危局。这是他们的不利，是他们的软肋，但他们却仍心怀天下、内有雄心，他们也曾力挽狂澜。春秋战国，列强纷争，也许它们只是小国，但他们也有属于自己的英雄的、辉煌的回忆。

孔子来到郑国时，他的脚步是很狼狈的。

孔子与自己的弟子们失散了。离开了弟子围绕的孔老夫子，一个人孤独地立在郑国的城门口，焦急地等待着。弟子们四处寻找时，有人告诉子贡说：东门之外站着一个像丧家狗般的可怜老人，大概就是你的老师吧。

> 东门有人，其颡似尧，其项类皋陶，其肩类子产，然自要以下不及禹三寸，累累若丧家之狗。

面对郑人的戏谑，孔子倒也发挥了自己那一点点幽默细胞，欣然接受，这就是著名的"丧家狗"称谓。孔子站在神坛上太久了，倒是这则略带嘲讽意味的评价，与其把它看作对孔子的"丑化"，不如把它当作是对孔子形象的另一种解析。学者李零在他对《论语》的解读中，正是把"丧家狗"作为他研究成果的书名，他对以"丧家狗"作为书名的解释很有意思：

> 孔子绝望于自己的祖国，徒兴浮海居夷之叹，但遍干诸侯，一无所获，最后还是回到了他的出生地。他的晚年，年年伤心。丧子，哀麟，回死由亡，让他哭干了眼泪。他是死在自己的家中——然而，他却没有家。不管他的想法对与错，在他身上，我看到了知识分子的宿命。任何怀抱理想，在现实世界找不到精神家园的人，都是丧家狗。

新郑城，东门外，这个地标因丧家狗的典故平添了一分寂寥的意思。孔子非郑国人，他只是途经此地的外乡人而已。路途颠沛流离，来到东门只自己一人，无法像回家一样进入城池，亦不可回头，他只是一个漂泊的流浪者，一个大城池下的过路人。

但所幸的是，圣贤的光芒总会在后世照亮灵魂的幽暗之处，给予智者处世的启迪。明时邑令陈大忠，为了纪念孔子过郑，特在郑韩城东门旁夯土筑台，名叫"宣圣台"，以纪念孔子周游至郑之事。台址上立碑一通，刻有"孔圣辙环处"诸字，遗址位于郑韩故城东门外，约在当今市东郊裴大户寨村一带。

在"丧家狗"事件的记载中，有一句说孔子"其肩类子产"。子产这位郑国的翩翩公子，在他相郑二十载的时光里，变更政治、仁爱亲民。他是个踏实的务实派，认为"天道远，人道迩"，于是重人世、尊王养民。他作为臣子，得到了郑公的信任；作为政人，得到了百姓的拥戴；而作为君子，也得到了孔子的尊敬。《史记》中说，子产去世时，郑人无不哭泣，"悲之如亡亲戚"，孔子过郑时，与子产相处得像兄弟一样亲密无间。当得到子产逝世的消息时，孔子也为之流下了眼泪，他说子产是"古之遗爱也"！据说因为子产生前太过清廉，家徒四壁，家人只得用筐子背土来进行埋葬。而受子产庇佑的郑国臣民闻此消息，便自发捐献礼器，以作报答。然而，子产的儿子遵从祖辈的君子之风，不肯接受，百姓只好把财物抛到子产封邑内的河水之中，悼念贤人。河水因此而金光闪闪，波光荡漾，至今郑州市旁静静流淌着的金水河，传说便是根源于此。

这段记载可以看作孔子过郑的一个历史证据，亦可使今人一窥孔子与郑相子产之间惺惺相惜的深厚情谊。《郑县志》记载："郑北鄙，又名东里，郑子产所居。"数千年来，郑州的子产祠数次被毁却又数次得以重新修建。1998年，郑州市在金水河畔，兴华街至郑州大学校园段修建了子产祠园，曲径通幽，恬适雅静，不失为一处感受文化熏陶的好去处。

子产祠园

郑韩故城

宣圣台位于郑韩故城东门外，相传孔子周游列国到达郑国，在东门外停留，但因郑君不予接待，只好又前往陈国。在当年孔子过郑停车的地方，明万历年间，新政县令陈大中在此立有"孔子辙环处"一碑，并名其地曰"宣圣台"，可惜的是，石碑已经不复存在了。

郑韩故城位于新郑市城关附近的双洎河与黄水河交汇之处。春秋战国时期，郑国和韩国曾相继在此建都长达539年，故称郑韩故城。故城周长约22.5千米，分为东西两区：西城为宫城和贵族居住区，东城则为手工业和平民居住区。城垣是用土夯筑而成，城墙高一般为10米左右，最高可达16米，城墙基宽40到60米，顶宽2.5米，是现在世界上保存最完整的同期古城垣之一，因此具有重要的历史及旅游价值。

君子固穷，弦歌不衰
——孔子过陈、蔡

陈蔡故国

河南东南部的广袤地域，正是先秦时期陈蔡两国的故地。

陈蔡两国毗邻，后因国力稍弱，因而在兼并战争中处于下游，先后被楚国所灭。陈国都城名曰宛丘，现如今位于淮阳地域的平粮台遗址，便是史书记载的宛丘故城。上蔡县存有蔡国故城遗址，古城平面呈矩形，这座夯土筑造的千年城池是我国现今保存最完好的西周古城，具有极高的考古价值。

虽然陈蔡国运短暂，在浩瀚的历史长河中稍纵即逝，但侯国统辖下的这一方沃土，则暗含了深厚的文明底蕴。风景旖旎的宛丘地域，不仅是春秋陈国的都城，更是传说中伏羲氏、女娲氏与神农氏的建都之地。不仅如此，据我国著名地质学家李四光先生的考证，5亿7000万年前，在中国境内大部分都是海洋的情况下，淮阳古陆便已经显露。所谓"八千年看淮阳"，所言不假。

陈蔡古国地处河南东南，淮河流经，水域丰富。豫东南一带，常以水产入菜，其中又以淮阳地区的焦鱼汤最负盛名。所谓焦鱼汤，多是以浅水流域的小鱼苗为原料，用油炸制金黄，然后加入辅料制成汤羹。淮阳焦鱼汤品种繁多，其中以杨段两家广受欢迎。待鱼苗炸制完成之后，撒在多种名贵中药佐料熬制成的面筋汤中，再淋上芝麻酱和香醋，配上当地的锅盔，便是当地人常见的街头早餐。

　　先秦陈蔡的文化遗存，大致集中于周口和驻马店两市。游览两地的历史文化之余，相比于豫西的丘陵高低，亦可在此欣赏属于平原地域的湖光山色。

淮阳太昊陵

淮阳龙湖

淮阳·宛丘故城遗址

地址：河南省周口市淮阳县东南大连乡大朱庄西南隅

交通：坐出租车或自驾前往

门票：免费

文保等级：全国重点文物保护单位

推荐评级：★★

在郑国与弟子汇合后，孔子去往陈国，也就是在今天的河南省淮阳县一带。淮阳古称宛丘，又名陈，历史上曾三次建国、五次建都，历史长达 6500 年，是中华文明最早的发祥地之一。孔子当时住宿的地方相传就在今淮阳城外东南的三官庙村。

宛丘确实是个很好听的地名，也是《诗经·陈风》中一首诗歌的名字。诗中描写在宛丘起舞的女巫，美好而圣洁，可望而不可求，只留下观望者哀而不伤的淡淡思绪。今天在淮阳的平粮台古城遗址，人们仍能感受到那个古老、神秘、又不失浪漫的宛丘故城。有考古学家曾经声称"六千年历史看淮阳"，早在中国大陆的大片仍是一片汪洋之际，淮阳古陆便已经显现出来。到了传说时代，女娲、伏羲以及神农氏都曾在淮阳附近立都，匡定天下。

遗址位于河南省淮阳县城东南面大朱村的西南角，共分为五期文化层，其中尤以新石器时期的龙山文化最为代表，薄如蛋壳的黑陶、磨制精美的石器，都在这里一一展现，因而具有极大的历史文化价值，为陈地文明的追根溯源起到了重要作用。1982年当地政府拨款，购买了古城遗址所占的全部耕地，并修筑围墙，各方的努力使得这一遗址的发掘工作一直延续至今，如今已初步展示了城址的面貌，实为考古事业的一大幸事。深厚又复杂的历史文化底蕴，体现了文化的叠加与演变，给人以别样的魅力。

虞舜后人建立起来的陈国，只是春秋大背景下的一个不起眼的小国。从公元前1046年武王灭商，封妫满于陈地，到公元前478年楚惠王杀害陈缗公止，陈国仅存在567年，且在中间还经历了两次灭国又复国的坎坷经历，最终也没能跨入战国时期的真正厮杀之中。虽然陈国一直在与周边大国之间苦苦周旋，苟延残喘，实在没什么太大的成绩。然而陈国的王室，却并没有如陈国一般衰颓下去，陈厉公的儿子公子完东奔至齐，做了齐国的大夫。无心插柳柳成荫，几代陈姓子孙兢兢业业，在齐国积攒下了丰厚的政治财富，等到公子完的十世孙陈和之时，便废掉齐康公这个傀儡，自认为王，整个姜齐天下，就此改姓。陈国的国脉以这样的传奇形式得到了延续。

宛丘故城遗址

平粮台遗址

宛丘故城遗址，俗称平粮台、平粮冢、贮粮台。春秋时期宛丘属陈地，我国第一部诗歌总集《诗经》中《陈风·宛丘》一篇曾描述过这里的动人景象："子之荡兮，宛丘之上兮，洵有情兮，而无望兮。坎其击鼓，宛丘之下；无冬无夏，值其鹭羽。坎其击鼓，宛丘之道；无冬无夏，值其鹭。"西周时代，这里风景怡人，陈国的俊男靓女，常来这里唱歌跳舞，谈情说爱，这些记载也为宛丘增添了一抹浪漫色彩。

宛丘地域也是传说中伏羲氏、女娲氏与神农氏的建都之地。而据我国著名地质学家李四光考证，5亿7千万年前，在中国境内大部分都是海洋的情况下，就出现了淮阳古陆。淮阳地区有一句话："一千年看北京，三千年看西安，六千年看淮阳。"从中可以看出淮阳极为丰富的历史文化价值。

上蔡 • 蔡国故城遗址

地址：河南省上蔡县城西南
交通：上蔡汽车东站坐上蔡7路至第十小学
　　　站下
门票：免费
文保等级：全国重点文物保护单位
推荐评级：★★

　　蔡国是孔子这一段行程中的第二个目的地。而在历史上，在整个姬姓诸侯国体系之中，蔡国可以说是比较靠南的一个。

　　蔡国刚刚建国的时候，跟鲁、卫等国一样，是与周王室最为亲近的一支。武王灭商，天下根基未稳，蔡地作为殷商遗民的重要聚居地，武王自然而然就派自己的亲弟弟度去管辖商民，称为蔡叔。然而，蔡叔并没有像哥哥周公那样有一颗"鞠躬尽瘁"的忠心，当武王病逝、自己的侄子继位后，面对一个乳臭未干的小周王，这个当叔叔的野心，正暗暗地膨胀着。最终，蔡叔走上了联合管叔、辅助纣王后代武庚夺权叛乱的不归路。事败之后，蔡叔被流放致死，蔡国的国祚出现了中断。不过好在蔡叔的儿子姬胡还是心在周王室的，姬胡恪尽职守，并没有包庇自己的父亲，最终也得到了周王的肯定，准许蔡叔的子孙继续治理蔡地。然而，蔡叔的错误却无法弥补：此后的蔡国，都城由祭迁至上蔡，关系也由最初的兄弟之国而渐渐被中央所疏远。

今天上蔡还保留着跨越千年的故城遗址。上蔡作为蔡国的都城，吸引着海内外的蔡氏重归故里，祭奠先祖，蔡国故城也被完好地保存了下来。整个故城的道路规划还清晰可见，城墙、夯土、铁器、陶罐……层累在这块土地上的，是近30个世纪以来发生的历史变迁、悲欢离合。

蔡国故城遗址

　　蔡国故城遗址位于今河南省上蔡县城西南，是西周及春秋时期蔡国的都城。今存蔡国故城遗址，是我国现今保存最完好的西周古城，故城平面略呈长方形，东西略短，南北稍长。现存城墙高4—11米，宽15—25米，总长约10490米，夯土筑成。城墙缺口较多，疑是城门遗址，其中南城墙三处，西城墙一处，都保存较为完好。城内中部有土台，当地称二郎台，面积约120万平方米，经推断可能是蔡侯的宫殿区。古城西北有九个土冢，相传为蔡侯墓。蔡国故城遗址出土有大量的建筑零件、青铜器件，从中足可以窥探出蔡国曾经的繁荣景象。

淮阳·弦歌台

地址：河南省淮阳县城西南南坛湖
交通：淮阳汽车站坐淮阳3路至迎宾馆站下
门票：5元
文保等级：
推荐评级：★★

　　在去陈适蔡的路途中，孔子绝粮于陈蔡之间。说起孔子这段遭遇，最先记载的却是与儒家处处作对的墨家。墨家主张兼爱，鄙夷孔子的"仁爱"；鼓吹"节用节丧""非乐非命"，又直接与孔子尊崇的周礼等级背道而驰。在墨家的眼中，孔子在陈蔡之间绝粮，穷困潦倒，甚至早已顾不上什么君子形象，为了吃肉喝酒而尽现丑态，甚至不问出处便拿来饮食；但一等到有条件享受时，孔某人又讲究起"席不端弗坐，割不正弗食"那一套虚伪的礼仪来，因此墨家批评孔某人穷困时无所不为，富足时装模作样，"夫饥约则不辞妄取以活身，赢饱则伪行以自饰"。

　　抛却墨家夸张的鄙薄之词后，孔子厄于陈蔡的情形到底又是如何呢？就这个问题，学界一直争论不休。目前争议的集中点则在于，孔子绝粮究竟是因为陈蔡大夫合围之还是单纯因为食粮不足？《论语》之中仅仅留下"在陈绝粮"的说法，司马迁结合当时春秋列国和和打打的局势，提出了自己的"陈蔡大夫包围说"。

　　这样的说法，早已不陌生。当初孔子到达宋国的时候，桓魋便是因为怕孔子凭借才能得到重用会威胁到自己，便派人借机谋害孔子的。到了陈蔡，历史又将重演，面对楚国人的邀请，陈蔡的当权者惊恐孔子掌权后会对自己施加报复，于是联合将孔子围困。然而，既欲致孔子于死地，却又为何给了孔子逃脱的机会？若楚国真心聘请孔子为官为吏，缘何孔子在楚国仍旧郁郁不得志，甚至连楚国的政治中心郢都也没能到达？种种的疑点，让一些学者认为这更可能只是司马迁的"一厢情愿"：身为儒者，敬仰孔子的他，在无形之中一直在帮孔子的人生增添光环。也许事情的经过远没有所描述的复杂，如钱穆所言：

　　　　今按厄于陈蔡之间，即在陈绝粮也。何以言之？孔注《绝粮章》："孔子去卫如曹。曹不容，又之宋，遭匡人之难。又之陈，会吴伐陈，陈乱，赞改乏食。"此言孔子之厄于陈，以被兵乱而乏食也。

墨家嘲讽孔门在陈绝粮时丑态尽出，或许并非毫无依据，至少《论语》中讲过，孔子当时恰恰对墨家嘲讽的丑态提出了严厉的批评："君子固穷，小人穷斯滥矣。"君子就需要有安于贫困的心态，戚戚于贫穷，汲汲于富贵，喜怒表露于色，与患得患失的小人又有什么区别？

《孔子家语·在厄》中也有一处对于孔子厄于陈蔡之地的记载，孔子在陈蔡逗留的日子中，尽管是"外无所通，藜羹不充"的艰险情况，孔子亦"慷慨讲诵，弦歌不衰"。孔子的从容淡定，正是他秉性的"君子之道"。孔圣人陷于绝境但不恼，厄于陈蔡但不哀，在众人对前方之路产生怀疑时，他依然无比坚定地守住君子固穷的气节，将苦难的折磨化为安然的弦歌。跨过历史的长河，穿越那些被遗忘、冲洗、抹去的颗颗沙砾和种种痕迹，这些精神与品质依然发散着灼灼光热。

可幸可叹的是，孔子当年弦歌的地方至今仍保留。河南淮阳县西南处的南坛湖中心，伫立着一座高于水面的平台，高台之上，便是后人为纪念孔子而修建的弦歌台风景区。这座集自然风景与人文历史于一体的旅游建筑，吸引着各地的游人。夏日的弦歌台，红莲相倚，芰荷碧绿，水波荡漾，为四季风景之最。

弦歌台

　　弦歌台，是纪念孔子
当年厄于陈蔡终日弦歌不
止而建造的。景区位于河
南省淮阳县城西南隅水静
如练的南坛湖中，夏季这
里荷花盛开，柳树成荫，
使游客在感受人文气息之
外还可体会一番大自然的
美景。

上蔡 · 厄庙

地址：河南省上蔡县蔡沟乡
交通：上蔡汽车东站步行至公路局站坐上
　　　蔡103路至蔡沟站下
门票：免费
文保等级：
推荐评级：★★

　　孔子周游列国时曾"居蔡三岁"，蔡国可以算是孔子周游的列国中停留较久的一个国家。在陈蔡的生涯中，孔子尽管穷困潦倒，但仍演礼弦歌，在蔡地收纳了不少高徒。孔子弟子七十二名贤人之中，蔡地便招收了六人，故有"孔门七十二贤上蔡居六"之说，这样的回报，也算了结了孔子对于陈蔡之厄遭遇的一块心病。

　　这其中便有一名弟子名曰漆雕开，相传以德行著称，孔子让他做官，他却一再推脱。周敬王三十一年（即公元前 489 年），孔子带领弟子周游列国，途经漆雕开的家乡鸿隙湖村时，恰逢大雨，孔子一行便住进了漆雕开家。大雨数日未停，家中存粮不足，为了不让老师饿肚子，漆雕开就冒雨到旁边的鸿隙湖里采藕为老师充饥，不幸遇难。至今上蔡仍保留着他的墓冢，历代国君曾多次给这位贤人增加封号，古冢之上，至今绿草青青。

陈蔡之厄是孔子周游列国无法绕开的桥段，蔡国更是孔子的重要站点。在上蔡城东处的蔡沟乡，有厄台一景，汉时尊孔崇圣，上蔡人在厄台之上修建庙宇，称之为厄庙，汉代大文豪蔡邕更是曾为此撰写碑文。

厄台之内，有孔子居蔡之时亲植的银杏树。传说唐时遭火灾，树中又生新树；明时被雷击，树外又包生新树，历经沧桑，几度枯荣，古树却始终不倒。或许在这棵银杏树上，传递着的是蔡地人从古至今的对儒家文化的认同和随之而来的文化自豪感。因而历万世而不会轻易倾倒。

可惜岁月无情，今天的厄台，只留下几片残破的瓦砾，厄台之上，厄庙、古树，踪迹全无。庆幸的是，今天蔡沟一中的校园内有一棵古银杏树，据说正是当初孔子手植的，历经了诸多磨难却最后成长成材的银杏树。在今天的蔡沟一中，仍可以看到一群孩子在校园内那棵枝繁叶茂的千年银杏树下行周礼、诵论语的情景。

　　其实无须刻意在千年银杏树下诵论语、行周礼，它在校园里这样安静地生长，为孩子们蔽日；孩子们在树荫下追逐嬉戏或小憩，这样的境况与孔子教书的日常更加契合。

蔡沟白果树

厄庙是在厄台之上修筑而成的，为的是纪念孔子绝粮于陈蔡的历史。厄台始建年月不详，汉时人们尊孔崇圣，就在厄台之上修建庙宇，称为厄庙，据说汉代蔡邕还曾为此撰写碑文。据说当时的厄庙占地九亩，正殿大成殿内塑孔子坐像，正殿之前又有礼殿，后有启圣宫，左有文昌宫、尊经阁，规模宏大。然而时过境迁，当时的繁华如今只剩下那些零散的汉砖残片。

至今蔡沟一中有一棵古银杏树，据传为孔子所植，古树为树包树——外为枯树，内却包生着一棵活树。据说古树唐时火焚枯死，树中新生一树。明清又遭雷击，其内又包生一树，几度枯荣，至今仍生生不息。

231

新蔡·子路问津处

地址：河南新蔡城南10余公里的关津
交通：坐出租车或自驾前往
门票：免费
文保等级：
推荐评级：★

孔子纵然满腹经纶，肚子里装的，却是不合时宜。君王不需要他，诸子不理解他，隐士也不尊重他。《论语·微子》里展现的便是孔子与隐者之间思想的火花。

传说孔子路过今天新蔡这个地方，恰巧遇到当时小有名气的长沮、桀溺二位隐士在田间耕种。孔子派子路前去问路，长沮便问："马车的主人是哪位呢？"子路回答说是孔子。桀溺又问子路是哪位，子路回答说自己是孔丘的徒弟。这时候两位隐士便说出了后来十分著名的一段话语：

曰：“滔滔者天下皆是也，而谁以易之？且而与其从辟人之士也，岂若从辟世之士哉？”耰而不辍。子路行以告。夫子怃然曰：“鸟兽不可与同群，吾非斯人之徒与而谁与？天下有道，丘不与易也。”

听到孔子的名讳，长沮、桀溺两人表现的是满脸的不屑。春秋乱世，天下滔滔，谁能易之？在他们看来，孔子只不过是时代大浪中的一片树叶，渺小得只能随波逐流，却不足以隔断江河。孔子的勇敢入世，只能是螳臂当车，无功而返。追随孔子者，倒不如知难而退，畅游山间，怡然自得。这是知识分子的另一面。他们看透了尘世的浑浊，故无望于时代，隐于山间，卓尔不群，在自由与闲适中寻找着属于自己的快乐。

河南新蔡城南二十余里的关津亦有一处子路问津处，临河东岸，至今还有依稀可见“问津处”三字的古碑一座。据传问津处原建有问津台，立有子路问津碑。因新蔡县与之前提到的蔡国故城所在地上蔡县均位于河南省驻马店市，就孔子周游的路线来看具有一定的可信性，因此姑且将孔子问津一事系于过蔡期间。除此之外，罗山县有子路村，柘城县、叶县亦传有子路问津处，还有山东鱼台也有此说，但至今留有遗址的只有新蔡的孔子问津碑与湖北的问津书院。

在而今的武汉新洲区和黄冈市交界处，有一条被称作孔子河的河流，河流之畔，尚遗存有一座问津书院。据史料记载，西汉中期，邾县（即今天的新洲区）庶民在附近耕地时无意间掘出一块刻有"孔子使子路问津处"字样的石碑。当时邾县之地归于淮南王刘安所管辖。刘安也算是诸侯王里面对文学有一定造诣的侯爷了，他为了纪念此事，更是为了提高自己的声望，便在当地建亭立碑，修孔子庙，在供人祭祀的同时，还征召当时有名的儒生博士在庙内讲学著书。

唐会昌年间，迁官外放的杜牧，曾在此立庙祀孔，时称"文宣庙"；南宋时，荆湖制置使孟珙又在此处增置房舍，以接待四方游士，探讨理学要义；宋末元初，面对故园不在，江山易姓，江南名儒龙仁夫拒元不仕，效仿长沮、桀溺归隐山中；明正德十一年（公元1516年）始，书院得到了官方的资助，从而得以多次大规模复建，规模渐大：正中大成殿，左仲子祠，右乡先生祠，殿时为讲学堂，讲堂前建仪门，另增东、西号舍。当时的湖广巡抚熊尚文亲题"问津书院"于书院匾额之上，并在河南建商城、汤池两问津院，书院进入了繁荣期。可是，作为政治大背景下的建筑，书院一直与政局息息相关，到了家国败亡之际，书院也未能幸免，崇祯八年（公元1635年），书院又毁于熊熊战火。

清人掌权之后，又重新投入到书院的修复工作上来。自顺治始，书院便逐步成为地方上的官方考场。

在时任湖广提学使蒋永修主持下，问津书院盛极一时，与岳麓书院、白鹿洞书院、求林书院、首善书院相媲美。康熙、嘉庆皇帝更是曾分别御赐"万世师表"和"圣集大成"匾额，以彰显书院培养人才之功。通过不断地修缮经营，问津书院可谓人才济济，在以科举为读书者出路的时代里，出产进士之多，上下闻名。孔子所说的"弦歌不衰"，无形之中在问津之所得到了衍传。

书院兴盛，文化得以延续传播，然而，在一派欣欣向荣的背后，那块集结着书院一切辉煌缘由的石碑却不知毁于何时，现在的问津书院，只保存有明人书写的同文石碑，不得不说是一种遗憾。

问津书院

子路问津处

　　新蔡城南二十余里的关津，据说是当年子路问津处的旧址。至今还存有刻有"问津处"三字的古碑。据相关资料显示，问津处原建有问津台，立有子路问津碑，碑阔50厘米，高2米余，刻有"子路问津处"五个楷字。子路问津处据说是楚昭王为纪念孔子而修筑的。到了明万历年间，当地知县王廷俊重建，然而最终因为战火的关系毁于一旦。清乾隆年间，新蔡知县王大吕想沿前代旧制，重修新台，然而不巧的是刚要动工，王大吕却升迁赴任去了，这样一来，问津处的修缮工作也到此停滞了。

楚歌煌兮，吾谁与归
——孔子过楚

江陵楚韵

行走在荆州，总会发出身边处处皆历史的慨叹。从楚国令尹孙叔敖到明朝万历首辅张居正，从屈原、宋玉再到李白、杜甫，荆州见证了太多的名士将相、文人墨客。这里是陆羽、岑参、公安三袁等人的故里，漫步于城市的角落，或许便可与这些名人故里邂逅。而在众多纷繁的文明古迹之中，荆州尤以楚文化与三国文化最负盛名。

楚都在郢，这便是荆州城内的纪南城故址。纪南城因在纪山之南，故而命名。楚文王元年，楚人自丹阳迁都于此，直至顷襄王二十一年，郢都被秦人陷落，楚国在此立都四百余载，堪称先秦时期南方地区最大规模的城池遗迹。不过随着对楚文化的深入研究，关于楚纪南城是否为楚都郢都，仍是存在争议的话题。纪南遗址在春秋初期文物方面的缺失，使其受到了一些专家学者的

237

荆州博物馆

质疑。在他们看来，楚郢都故址并非今日的纪南城遗址，而在汉水中游的宜城县南境。今天宜城南境的"楚皇城"周围，发现有春秋时期大量陶片。关于楚都之谜，仍待进一步探寻。

荆州也是三国文化的重要地标。在各类关于三国故事的演绎中，关羽"失荆州"无疑是十分重要的戏文。关公的一时大意，终使蜀汉失去了战略屏障，也给他自己最后的悲惨命运埋下了伏笔。现如今荆州古城南侧建有关公义园，用以纪念关公忠与义的一生。此外，古城大北门与西门之间还建有以三国文化为主题的三国公园。公园以古城北湖的大好自然风光为依托，以《三国演义》中的历史演义故事为蓝本，从而使游客们身临其境，亲身感受三国文化的魅力。

238

荆州地处江汉平原之上，水流的冲积造就了土地的肥沃，荆州也成为著名的"鱼米之乡"。当地人食俗重鱼，龙凤配、鱼糕丸子、皮条鳝鱼、冬瓜鳖裙羹，荆州名肴皆与河湖紧密相关。除了丰盛的全鱼宴外，荆州人也喜欢在茶余饭后品尝几块精致的糕点。三丝春卷、凛糕、九黄饼，这样的小吃点心，都是荆州城镇大街小巷的最爱。

荆州三国公园

荆州·郢都（纪南城）遗址

地址：湖北省荆州古城北约 5 公里处
交通：坐出租车或自驾前往
门票：20 元
文保等级：全国重点文物保护单位
推荐评级：★ ★ ★

　　长长的一路跋涉，孔子从蔡国南下来到了楚地。楚国是历史上铿锵有名的大国。从原始的三苗而来，到蛮夷褪去、入主中原，再到最后的壮烈悲歌，楚国谱写的，是中国南方文明的不断演进发展。孔子来到这里，既是出于对楚文化的向往，也是出于政治诉求的表达。

　　楚国曾定都七处，其中在郢都建都的四百余年则是楚国最为繁荣的时期，包括孔子所处的春秋末期。

春秋早期，楚文王将都城由丹阳（即今天的河南南阳一带）南迁至郢（即今天的湖北荆州），楚国文化的辉煌画卷，也由此慢慢展开。又因郢处于纪山之南，从而郢都又得名曰"纪南城"。而今，湖北省荆州古城北面仍保存有楚国纪南城的遗迹，郭沫若先生手书"楚纪南故城"立于城垣之上，似在向世人表明这里曾有的繁荣。作为东周南方最大的城池，经考古人员的测量，发现纪南城比现在的三个荆州城的城址还要大，而围绕城址所筑的城垣，可在其上并行三辆卡车，城址之大，城墙之宽，实属罕见。"高堂邃宇，槛层轩些。层台累榭，临高山些。网户朱缀，刻方连些。"这是《楚辞招魂》对楚国郢都描写。昔日的繁华绮丽，足以让今人嗟吁。

整个春秋战国时期，二十代楚王在纪南城定都长达 411 年，正是在这里，楚人成就了春秋五霸、战国七雄的霸业，创造了堪与古希腊雅典文化相媲美的楚文化，孕育了最早的水稻种植技术、最古老的铁器制品、最精湛的青铜工艺，造就了闻名中外的老庄哲学、楚辞歌赋、美术乐舞。观纪南之遗貌，感楚辞之文采，两千多年前那个恢宏繁盛的楚国，正向我们走来。

这个大国霸业的最大投资者和促就者，非楚庄王莫属。这个一度"昏聩闭塞，贪图酒色"的昏庸诸侯，忽然洗心革面，锐意进取，"虽无飞，飞必冲天；虽

241

无鸣，鸣必惊人"。之后的楚国，内修政治、外攘诸侯，继而北上中原，击强晋，围宋都，甚至连周天子也不放过，在楚军北上的过程中，楚庄王便向周使者大胆询问九鼎的重量，"楚国折钧之喙，足以为九鼎"，庄王称霸中原的野心可以想见。

在纪南城内东北角上，楚庄王台静静地屹立着。公元前 597 年，晋楚争霸，楚获人胜，楚庄王建筑高台，会盟诸侯，成为新一任的列国霸主，楚人的威名，由此而名传四海。兴霸业、入主中原，以强硬的态度来宣告楚文化的博大，庄王之后，荆楚文化得以各国闻名，最终成为中华文化极为重要的源泉之一。

庄王之后，虽然楚国也曾国势衰微，面临过灭亡的险境，但所幸都有惊无险，一一得以化解。战国之后，楚国几代君主先后大举东征，兼并了包括蔡、莒、杞等诸多小国，到了楚威王时期，楚国又西兼巴蜀，东灭越国，占据了秦岭以南的大片地区，楚国之大，居于七国之首。

然而，外在的兼并，却并没有换来楚国真正的东山再起。怀王之后，楚国一次次受到强秦的打压，疆域不断缩减，国都也不断地向东方迁徙。楚人大概没有想到，面积广阔、经济富庶的国家竟也是如此不堪一击，嬴政亲政，在逐一灭掉韩、赵、魏三国之后，开始了对楚国的最后攻击，仅仅三年不到，秦军便攻陷楚都，俘获楚王，楚地的大片山河，尽归秦人。

　　"楚虽三户，亡秦必楚"，楚国虽灭，但楚人却仍旧心系故园。秦统一六国没多久，讨伐之声便此起彼伏，而呼喊声最激烈的，是楚人；最后一举灭秦的，仍是楚人。有趣的是，这些灭秦复楚的勇士们，大多只是战国时期楚向东扩张地域管辖下的"新民"而已，像后来争天下的刘邦项羽；而有些甚至连是否为楚人都不确定，却仍以"张楚"为号，如陈胜吴广。纵观整个战国晚期，齐国虽为大国，却偏帮秦国，引狼入室，最后自尝苦果；其他四国又唯唯诺诺，国力衰微；倒是楚国这个南方霸主，拼死抵抗，可歌可泣，或许，在那些反抗者眼中，楚国所代表的，更是一种勇于反抗的态度。

楚纪南故城

楚纪南故城

　　楚纪南故城是中国东周时期楚国郢都故址，在湖北省荆州古城北约5千米处，因在纪山之南，汉以后史称纪南城。自楚文王元年（公元前689年）自丹阳迁都于此，至楚顷襄王二十一年（公元前278年）秦将白起拔郢止，楚国在此建都400余年，是当时南方第一大都城。

　　纪南城东西长4.5千米，南北长3.5千米，总面积约为16平方千米。城墙周长15.5千米，有的地段现在还存有高达6.7米的城墙遗迹。城内夯土台基十分密集，高低不等，有的高达6米。值得一提的是，在城内东南部发掘出东周时期的房屋遗迹，墙基长60米，宽14米，规模较大，考古专家推测应为当时的宫殿建筑。此外，在城址以外还有三个大的墓区，保存当年楚国王公贵族的大中型墓冢七百余座，值得一观。

申城毛尖

河南最南部东连安徽，南接湖北，古时楚文化与中原文化于这三省通衢交融，形成了信阳独特的历史人文环境。先秦时期，信阳境内分布着申、息、弦、黄、江、蒋、蓼等大小诸侯国，其中又以申国存在时间最长、影响最为深远，信阳申城之名也由此得来。

周室衰微、礼崩乐坏，随着争霸兼并战争的日益推进，南方强大的楚国相继吞灭上述各国，并于当地推行县治，直属于楚国中央管辖。然而，楚国纵然强大，但也绝非战无不胜。战国末期，伴随着秦国的强大，充满野心的秦王东进攻楚，攻破郢都，襄王仓皇东迁，曾到此避难。至今信阳境内的城阳城遗址仍然保存较好，遗址之上修筑有遗址博物馆，用以对外展览其中的珍贵文物。

其实，相较于人文历史，信阳毛尖茶似乎更加为人们所熟知。这种颜色嫩绿、带有白毫的绿茶，早已作为中国十大名茶之一而名扬天下。信阳产茶历史悠久，1987 年，考古学家在信阳固始县一处古墓中发掘出了 2300 多年前的茶叶残存，信阳山水茶都之名得到了历史的验证。与其他知名绿茶相比，信阳毛尖颜色鲜润，嫩叶更是绿中带有鹅黄，外形纤细，冲泡后香高持久，滋味浓醇，具有生津解渴、清心明目、提神醒脑、去腻消食等功效，堪称绿茶中的上品，因而受到了众多茶道爱好者的欢迎。漫步于信阳城区，不难发现形形色色的茶馆。在当下信息时代，大多数人神色匆忙，为自己的琐事而奔波，现实社会的嘈杂，致使越来越多的人想要寻求一处宁静。茶道文化在现代社会，正是被赋予了帮助现代人寻找心灵的松弛与慰藉的文化使命。寻一处普通茶馆，品一杯信阳毛尖，闲看窗外的繁华与喧嚣。

信阳毛尖发源地碑

信阳·城阳城遗址

地址：河南省信阳市北 25 千米处的淮河西岸
交通：坐出租车或自驾前往
门票：免费
文保等级：全国重点文物保护单位
推荐评级：★ ★ ★

孔子所生活的时期，楚国的国君为楚昭王。

这位君主可谓是多灾多难。春秋中后期，吴、楚关系向来不好，两国边界人民经常相互打骂。而楚昭王的父亲，也就是那个以好色著称的楚平王，宠信费无忌，将本送给太子建的秦国美人抢到自己怀中，导致父子之间的嫌隙逐渐增大。后来又加上费无忌的不断挑唆，这对父子则彻底撕破脸皮，太子建最终逃亡外国，而这场宫廷政变也导致了追随太子的大臣们或杀或逃，其中便有一人逃至吴国，得到吴王的重用，这就是伍子胥。

子胥在吴国获得权势之后，自然要为家人报仇，吴、楚关系进一步恶化，楚昭王便是在这种局势之下继位为王的。吴地的富庶、子胥的谋略，再加上孙武的兵法，吴军气势汹汹，而此时的楚国在平王之乱后境况已是大不如前。于是，面对吴人的进攻，郢都危急，楚昭王一直带领群臣东奔西跑，狼狈不堪。楚国还一度面临灭亡的窘境，后来申包胥恸哭秦廷，秦公出兵，形式才渐渐好转。

然而，正是这样一个被迫窜逃的君主，孔子却给予了很高的评价。《左传》里记孔子评价楚昭王"知大道矣。其不失国也，宜哉！"足以看出孔子对他的欣赏程度。昭王诚然被形势所迫，不得已而四处流窜，然而不可否认他身为人主的胸襟和气魄。据说一次昭王生病，天象出现异常，周太史告诉昭王天象恐对楚王有弊，可以让将相来顶替楚王，将相也表示了赞同，然而昭王却坚决反对。后又流传是黄河水在作祟，大臣们请求祭祷黄河水神，然而昭王却认为楚与黄河互不相干，这些都是凭空的假话，自己的命运，应该交给上天，自己无从管辖。到了濒死之期，楚昭王仍然以楚国为重，执意立自己认为贤能的兄弟为王，以安定楚国的家邦。昭王在楚国最危难的时候接管了这个烂摊子，却不曾放弃，反而兢兢业业，以义为重，在他手里，楚国由混乱到渐渐稳定，可谓"中兴之主"。

政治上失意的孔子对楚昭王抱有相当大的好感。他们身份地位不同，但似乎有很多的相似之处：他们都曾面临险境，四处奔波，无家可回、无枝可栖，然而他们却没有轻言放弃，而是实践着自己认定的责任，守护着自己的使命。

据史料记载，昭王想要聘用孔子，孔子因而决定前往楚地拜访，便冲破了陈、蔡的阻碍包围，千辛万苦，南下赴楚。也许对他而言，楚昭王既是现世中他政治理想的寄托之处，也是政治抱负所投射的一面白墙——在那里，可以投射出孔子政治蓝图的模样。郁郁不得志的孔夫子，在周游列国的最后一站——楚国，是否得到了他满心期盼的认可，获得了自我的完满呢？

孔子至楚，并没有到达楚国的核心地带郢都，而是仅仅在北楚之地见到楚昭王而已。孔子并没有得到进一步的政治施展，所经之地，比较重要的一站便是负函城。

楚国为谋取中原霸权，实行实边政策，负函便为楚国境内蔡人所迁居之地。此时蔡国已经迁往州来，故蔡之地，尚有未迁走的遗民和官员，楚人便将尚未迁走的遗民和官员聚集起来，立邑于负函，这便是负函之蔡。孔子周游所到的负函,实际上倒是一个具有极强文化包容性的城池了。

据康熙时期所编写的《钦定春秋传说汇纂》一书来看,负函应该在今天河南信阳市境内。考古调查得知,春秋时负函的精确位置应在今信阳长台关楚王城一带。而今,信阳的城阳城遗址仍得到完好保存,算得上是中国现存的六座楚王城中保存最好、规模最大的一座。

而说到城阳城,它是在春秋早期筑就的,距今已有2700多年历史,是当时楚国北攻东进的军事重镇。公元前278年,秦破楚国郢都,楚顷襄王逃至城阳,将此扩建作为临时国都。城址包括内城、外城两部分,整个遗址显得恢宏大气、风格浓郁。

"负"有背负、抱持之义,"函"有包容、函纳之义,楚人名新筑之要塞为"负函",似乎意在表明楚人希望其凭借背负淮水三关的地理优势,而欲包容、囊括中原的政治野心。今天的负函,其兼并吞纳的野心似乎已随着时代的更迭而不复,但留存下的,却是一个今日我们可以去感受、体验的历史景观。他看上去安静、古朴,却沉淀着过去风云叱咤的许多故事,过去的时间化为城墙上的道道纹路,不时抖落着风沙和沧桑。

城阳城址

城阳城遗址是我国现存六座楚王城中面积最大、保存最好的一座古城址，具有极高的考古研究价值，是春秋早期所筑，距今已有 2700 多年历史，是当时楚国的军事重镇。公元前 278 年，秦破郢都，楚顷襄王逃至城阳，又将此扩建作为临时国都，这使得城阳城遗址又成为研究战国末期楚国历史的重要参考资料。

城址主要包括城阳城、太子城、古墓群三个部分。城址包括内城、外城两部分，内城分南北两城，总面积 68 万平方米。城内有宫殿区、作坊区、祭祀区等，外城西接内城，东、北两面分别借淮河和十字江自然险峻地势作为防御，南墙西接内城，面积 182 万平方米。

截至目前，城阳城址先后进行了七次古墓发掘，出土各类珍贵文物 2000 多件。这其中有 1957 年在楚国左司马眅墓葬出土的我国第一套完整的青铜编钟，用该套编钟演奏的《东方红》乐曲，在 1970 年随我国第一颗人造地球卫星升入太空，响彻寰宇。

如今当地在城阳城遗址之上兴建了城阳城遗址博物馆，通过更为详尽的叙述为游客展现这座故城的历史风貌。

信阳·申碑路

地址：河南省信阳市街区路名，古称北关外
交通：信阳火车东站坐 28 路至火车站下
门票：免费
文保等级：
推荐评级：★

除了城阳城遗址之外，信阳还有一条申碑路，据说是纪念曾经担任过信阳宰的子贡。《孔子家语》记载子贡担任信阳宰时，孔子给过子贡辞别赠言，让他在从政过程中要多表彰贤人的美德，但不要宣扬别人的缺点，"匿人之善，斯谓蔽贤；扬人之恶，斯为小人"。

子贡作为孔子的得意门生，一直对老师抱有崇敬之情，在孔子周游列国的过程中，也起到了重要的作用，留下了不少的足迹。据方志记载，鲁定公十五年（公元前 495 年）初，孔子适卫之时，子贡去鲁国察看鲁定公与郯隐公会见，孔子离卫适郑时，子贡又继续跟随；鲁哀公三年（公元前492年），子贡随孔子到陈国，困厄之时，子贡受命至楚，使楚昭王出兵救孔子；哀公七年（公元前488年），孔子再至卫国，子贡在鲁，受季康子派遣会见吴国太宰；哀公十一年（公元前484年）孔子准备返鲁，子贡在鲁国协助叔孙氏处理外事。

子贡任信阳宰一事，在信阳仍有遗迹留存。据说在民国之前，信阳有一处皇华馆，馆外路旁便伫立有一所六角碑亭。因信阳古时曾属于申国的管辖范围，因此碑亭里正中有一块上刻"古申伯国"字样的石碑，石碑的左面便是上刻有"先贤子贡为宰处"的古碑，记载子贡任信阳宰一事。石碑所在的这条路长期以来都是信阳对外联系的要道，据说明朝状元宋世杰就曾在这条路上开店；而在这条街上，南来北往的客商、官员来信阳都要在这个地方下马，信阳当地的官员就在接官亭迎接他们。

后来，京汉铁路开通，这条大道便逐渐失去了它的重要性，渐渐被废弃。皇华馆在民国初年军阀混战时期毁于战火。新中国成立后，为了纪念具有历史意义的申伯碑及其所在，便取名为申碑路。今日的申碑路，已成为了信阳的一条普通商业街道，即使是当地人也鲜有知道它曾经见证过的那些历史故事和在其间回响的历史之声。

古申伯国碑史料图

申碑路，大致呈东西走向，西起新华西路，东至中山街，是当地重要街道。古代这里曾多次作为驿站：隋代在这里设过白雪驿，宋代则在这里设过石子镇驿。古申伯国碑，在新中国成立前一直在驿道旁的北碑亭矗立着，据说碑文系唐代大书法家颜真卿书写，记录了春秋申国的重要事项。但由于年长月久，其碑文下边的两个大字也都被风雨剥蚀得仅可辨认。申碑路之名便由此而来。

叶公故里

先秦时期，叶县原为应国故土。春秋楚国灭应后建立叶邑，叶县之名由此得来。楚封沈诸梁于叶，号为"叶公"。与"叶公好龙"的愚笨形象大相径庭，历史上叶公平定白公之乱，担任楚国令尹，声名远播，叶姓族人以叶公作为叶姓的始祖，叶县也因叶公故里成为叶姓华人心中的故土圣地。

除却叶公故里外，叶县最著名的景观则是明代的县衙。县衙始建于明洪武二年，是目前中国现存古代衙署中唯一的明代建筑。一般的地方县衙均为七品，叶县县衙规模宏大、气势雄伟，品秩五品，可见古时叶县的重要地理位置。

河南烩面远近闻名，叶县烩面又另具特色。烩面采用羊肉炝锅，面汤取自新鲜的羊排、羊蹄骨，并放多味五香调料熬制而成，肥而不腻、淡而不薄，配上焦香辣椒油，色香味美，成为叶县旅游不得不尝的经典美食。

行政区划上，叶县隶属平顶山市。作为河南中部重要的工业城市，平顶山煤炭资源丰富，是全国之名的煤炭工业产区。同时，平顶山也是一座历史感与现代感并存的城市。辖区内郏县是仰韶文化、龙山文化、裴里岗文化发祥地之一，距今已有五六千年的历史。郏县历史名人汇聚，西汉谋圣张良、东汉名将铫期均在此留下印迹，县城远郊茨芭镇苏坟村东南隅，是北宋著名文学家苏轼、苏辙的墓地所在，后增加其父苏洵衣冠冢，"三苏坟"由此产生。悠远的历史遗存，使郏县文化灿烂。

　　这里也是中原名吃饸饹面的发源地之一。这种用饸饹床子把面挤轧成长条形状的特色面食，如今早已遍布河南的大街小巷，受到了中原地区居民的广泛热爱。

叶县县署

平顶山处于暖温带和亚热带气候交错的边缘地带，气候的过渡性特征使其地区四季分明、雨水充沛，因而形成了众多风景秀丽的自然景观。石人山（尧山）风景旅游区、石漫滩国家森林公园、白龟山风景旅游区、白龟湖国家湿地公园、昭平湖风景旅游区等等，更是显示了平顶山除冷峻的工业与人文遗迹外，天地之美也同样令人流连。攀爬于层峦叠嶂之中、徘徊于山清水秀的自然画卷里，历史上叶地多隐士，也就不足为怪了。

平顶山

叶县·叶公陵园

地址：河南省平顶山市叶县旧县乡旧县村西北1.5千米处

交通：坐出租车或自驾前往

门票：免费

文保等级：平顶山市外八景之一

推荐评级：★

孔子适楚的过程中，除了他大为称赞的楚昭王，还有一位人物也给人留下了深刻的印象——这就是楚国大夫叶子高。

叶公问政。子曰："近者说，远者来。"

邻近的人因为收到好处而都喜悦，远方的人也都闻风而前来归附。在古代的诸侯国国家形态中，居民的多少是国家实力的重要标志之一，即便到了如今，国家之间人口的流动大多也依然符合孔子的这条标准。人口的多寡，成了孔子对叶公政治蓝图的一个回应。

春秋晚期，中原文化向楚地传播速度加快，楚国在不断北上的过程中也在不断协调着两者之间的关系。孔子"近悦远来"的养民理念，不得不说是顺应时代大背景的一个妙方。叶县作为与中原息息相关的北楚之地，两种文化之间的矛盾，正处于交锋的前线。与其在两个文化之间苦苦纠结，倒不如秉着一种开放进取的心态，以博大的胸怀，笑迎八方来客。叶公的问政，是叶公在楚文化与中原文化两者之间做出探索的尝试。

至今，叶公当初所受封的叶邑仍有关于叶公的历史遗迹。在今天河南省平顶山市叶县叶邑镇旧县村西北部的北澧河南岸，有一处叶公陵园，纪念的正是这位楚国的大夫。修复后的叶公陵园占地两公顷，墓冢高大，翠柏簇拥，成了海内外叶公后裔寻根问祖和人民群众瞻仰谒拜的地方。

据《叶县志》记载，旧县乡北门外曾有一处叶公祠，祠内有坊名"叶公问政处"，不幸的是，后来祠坊逐渐荒废。民国时期当地曾刻立过一座"问政门"石碑，原立于叶邑故城旧北村十字街东，曾被居民拿来做下水道盖板，后来为了更好地保护，当地政府将其安置到了离叶公陵园不远处的刘秀庙内。

后汉史学家应劭曾称赞叶公"忠于社稷、惠恤万民，方城之外，莫不欣戴"。叶公宰叶期间，励精图治，兴水利、劝农桑，率民众修筑东、西二陂，叶地水利完善，农业兴盛，人民富足。公元前 479 年，楚国重臣白公胜在楚国都城发动宫廷叛乱，在杀死了楚国忠臣令尹子西、司马子期之后，白公胜甚至一度还想要劫持楚惠王自立为王。叶公得到消息，出兵平叛，立下定国之功，迎惠王复位，一时间集军政大权于一身，权倾朝野。然而，叶公并没有被权力冲昏了头脑，在平定边夷、整肃朝政之后，叶公急流勇退，让位于他人，自己则归根叶邑，享受闲云野鹤之乐。

种种事迹可以表明，叶公确是一个以社稷为重而无贪婪之心的贤能的治理者。从这个角度看来，孔子对楚国的向往和期待之情不无道理。因为等待着他的，将是贤者之间的对话和思想上的碰撞。

这位贤臣所统辖的叶邑古城正位于河南省叶县城的西部地域。整个城址平面呈方形，虽然地面城垣已毁，但周围分布有大量春秋时期墓葬和文物，考古价值仍是十分可观。据调查，昆水（今灰河）流经叶县城南，两汉之际著名的"昆阳大战"，便是在此展开的。"一战摧大敌，顿使何宇平"，身为偏将军的刘秀一战成名，意气风发，威震天下，"王业之兴肇此矣"，汉室的江山，又一次归入了刘氏的手中。

楚昭王曾想封七百里方圆土地给孔子。但楚国令尹子西的劝阻使得他最终放弃。楚国虽然疏远孔子却认可儒家，这加剧了孔子作为一个鲜活的个体的悲剧性。叶公也与楚昭王有相似之处。他们虽然认可孔子、赏识孔子，但受制于多方面的因素却也无法成全孔子。

叶邑故城

叶公陵园

　　叶公陵园作为平顶山市外八景之一，是叶公沈诸梁的墓冢。叶公墓冢呈圆形，周围有石砖围砌，直径约 50 米，正前方有高约 4 米的墓碑，其上刻有"叶姓始祖叶公沈（讳）诸梁之墓"字样。叶公作为春秋末期楚国重要的大臣，治绩斐然，然而在现在流传的轶事中，却被塑造成了"叶公好龙"这样的丑角。

　　此外，景区有一个有趣的现象，据说倘若置身于墓顶喊话或击掌，会有回响，成为当地的一处奇景。

叶县·楚隐士遗迹

地址：河南省平顶山市叶县城关镇黄柏山
　　　叶县尤源（荷蓧丈人墓）叶县保安乡
　　　花头山方城山
交通：坐出租车或自驾前往
门票：免费
文保等级：
推荐评级：★

　　无论是从楚昭王还是叶子高处，孔子在来到楚国之前都收到了欢迎和悦纳的信号。但愿景的无限广阔总受制于现实的逼仄难以成真。孔子在楚国的遭遇不只是楚昭王的赏识、叶公的虚心求教，一路上，他也被许多质疑甚至鄙夷的眼神所环绕。出言不逊者有之，劝阻说教者有之，独独少愿意接受他的主张并给予其机会施张的人。

楚人的先辈，并非中原的部族，在很长一段时期内，楚人独霸一方，与其他诸侯关系隔绝。直至庄王时期，楚人大举北上，问鼎中原，楚文化才渐渐融入了华夏文化这个大体系之中。对那些与周天子近邻，标榜着正统的中原政权而言，楚文化则一直游离于正统之外，或许正是这种游离为避世的隐士们提供了一个相对纯净的自留之地。

楚地群山围绕，湖河众多，灵秀之地，自然成为甘处江湖之士的绝佳场所。正如劝谏屈原的那位白发渔夫，"沧浪之水清兮，可以濯吾缨；沧浪之水浊兮，可以濯吾足"，泛舟江上，笑看秋月春风。

在孔子周游列国的过程中，便发生了许多孔子与这些江湖隐士的对话，而他们中的绝大多数，尽在楚地。除了长沮、桀溺之外，还有荷蓧丈人、楚狂接舆等。探究孔子与这三方隐士的交往过程，我们可以发现，虽然都为隐士，但他们彼此之间仍存在着差异。他们有的是规劝，声声为叹；有的则是讥讽，句句如刀。在不断的思想碰撞中，孔子这个一路颠沛流离、际遇坎坷的老人，不断地舐舐着自己的伤口，但其中展示更多的，却是他不屈不挠的强大的精神力量。

子路问津无所获，孔子等便只得寻水浅处渡河。因不谙水情，水漫过车厢，浸湿书简。到达濰水北岸，来到黄柏山，孔子等在黄柏山北侧张村的一块巨石上将书简晾干后才寻路北上，以致留下了晒书台和一座古庙遗址。

黄柏山村如今也不过是个普普通通的小村了。黄柏山村被沙河环抱，沙河似玉带绕山而过，水势清净怡淡。此处林木茂盛，风景秀美，曾被开发为黄柏山风景区，吸引附近不少游客前来观光游玩、垂钓、度假。现今，虽然景区不复往日光景，游客不多，但仍有些闲来垂钓者，这大概也遂了长沮、桀溺的心愿吧。他们不愿与世俗合流，一个宁静的村庄是他们所想看到的。但孔子不同，他的孤寂至今回响着。因为他不愿逃开去。他说："鸟兽不可与同群，吾非斯人之徒与而谁与？天下有道，丘不与易也。"人是不能与鸟兽共处的，我如果不同世上的人群打交道，那么还与谁打交道呢？如果天下真正太平了，我也就不会再从事改革变化了。在孔子看来，他誓要与天下人站在一起，面对现实，并尽自己所能去加以改变。尽管被认作是一腔孤勇，但孔子也要昂首向前。

荷蓧丈人是其中相当有个性的一位。他在与子路的语言交锋中似乎占了上风，"四体不勤，五谷不分"的不满也时刻提醒着书生反省自己的象牙塔之梦。此事发生在楚地应当是无疑的，《叶县志》载："牛老陂在县南十二里，即荷蓧丈人止子路宿处，今尤潦是其地。"《叶县地名考》也有相似的文字："尤潦在城关镇南六公里。春秋时孔子弟子仲由过此，遇荷蓧丈人。丈人止子路宿，因名'留由处'。因地势低洼易涝，转音为'尤潦'。村西北有荷蓧丈人墓，及'止子路宿处'石碑一通。" 至今叶县的田庄乡仍有尤潦村，村民安于耕种，怡然自得。

李白有名句："我本楚狂人，凤歌笑孔丘。"孔子所遇隐士中最广为人知的应当是楚狂接舆。据说楚狂接舆原名陆通，字接舆。因不满当时的政治，故剪去头发，隐于山中。他愤慨于当时的政治，无望于混沌的时代，故见孔子经过，发出那句足以震慑人心的警醒之句：

凤兮凤兮！何德之衰？往者不可谏，来者犹可追。已而，已而！今之从政者殆而！

天下熙熙攘攘，各为利来，最终也会因利益的不同而各自散去。政治这种东西，因利而生，难以改变，或许正是如此，那些从政的人命运都岌岌可危啊！算了吧！算了吧！既然过去的事情已经难以复原，倒不如现在放下执念，寻求自己的快乐啊！这是楚狂的恣意，是隐者的逍遥。一直以来，楚狂接舆的故事被历代文人们运用和发挥。从王维的"复值接舆醉，狂歌五柳前"到辛弃疾的"何人为我楚舞，听我楚狂声"，楚狂这个独立于世、特立独行的形象早已化作文人的影子。而关于此事的真实性和发生的地点，也有不少史籍有所记载和探究。《尸子》载："楚狂接舆耕于方城。"《续汉书·郡国志》："南阳郡叶有长山曰方城。"又有《水经注·潕水注》："楚狂接舆耕于方城，盖于此也。"可以看出，史料中所记载的方城应该是与这位春秋狂人有着密切的渊源。方城即现在的方城山，位于今天河南叶县西南的保安乡花头山一带，山水相映，山则雄奇，水则灵秀，两千年前那个楚国狂人的身影，似乎又有显现。

佯狂是一种避世之法。楚狂人接舆通过这种方式使当时的社会以一种主动的方式将其摒弃，断了其混迹尘世之后路。他批评政治，但对孔子是欣赏的。孔子对这类隐士对时政的批评也是欣赏的，两人间存在着一定的共同语言。但接舆拒绝与他交谈，转身就走了。

叶县

　　叶县位于河南省平顶山市，由于处在河南中部偏西南，这里属于南暖温带向北亚热带的过渡地带，是大陆季风气候，四季分明，雨水充沛，湖光山色，气候温和，成了隐士的优选之地，春秋战国时期著名的隐士，长沮桀溺、荷蓧丈人、楚狂接舆，都与这里有着千丝万缕的关联。

孔子归鲁

一路走来，他跋山涉水，见过太多政治家野心家，他们气势汹汹要将天下收入怀中；他也见过太多来栖迟的明争暗斗，他们挥剑相向不过为了一个皇位；他还见过许多心灰意冷的隐士，他们不愿赴人世之滔滔，只求独善其身。孔子夹在这些人之中，他既不愿同流合污，也不愿消极避世。他要参与，要改变，要让"仁"与"礼"洒满天下。所以他的矛盾使他感到痛苦，但同时也有⋯飞蛾扑火⋯的快乐，苦乐之间，他在其中。

只是他也会累，世界就像个万花筒，种种乖张的人情际遇令人疲乏。并且，他似乎也再无处可去了。一位老者经过一路颠簸终会疲惫，这一路走来，楚昭王高世后，楚国将不再是他的理想国。噫吁哦。现在他要离开了，归鲁吧，他得不到施张的政治理想，他将通过私学的方式将其流传。那里是他的家乡。也许正是这一路的际遇，种下了这颗种子。归去来兮。孔子周游列国的脚步就在楚国画上了句号。

归去来兮，还辕息駴

江北水城

黄河与京杭大运河在此汇聚交叉；卫河、马颊河、徒骇河等纵横交错，东昌湖、鱼丘湖相互辉映。当地水系之密集，仅聊城市区，河湖面积便已占据总体面积的三分之一，江北水城由此得名。

在聊城若选择乘船，便可以浏览整个城市，灵动的河水将城内各个景点有机地串联在一起，顺流而下，便可将这座水城的历史文化、自然风光了然于胸。而在聊城众多的名胜之中，东昌湖作为聊城古城的护城河，成为这座城市的重要地标。湖面开阔、水泊宁静，始建于北宋的古城区立于湖水正中，宛若水面的孤岛；东昌湖西周，现代化的城市建筑耸立，城中有湖、湖中有城，水陆交织、传统与现代，顷刻间融为一体。

东昌湖风景区内，明代光岳楼威严伫立。作为象征聊城文化形象的旅游卡片，光岳楼系我国现存明代楼阁中规模最大的一座。楼阁在设计上属于宋元建筑向明清建筑过度的代表作，它既继承了唐宋传统的雍容华贵的建筑风格、同时推陈出新，寻求细节处的精致。此外，宋代铁塔、清代山陕会馆，以及清代四大私人藏书楼之一的海源阁等名胜古迹也散布于聊城各处，中国历史各时期的建筑文化发展历程一目了然。

聊城南部的阳谷，是《水浒传》中武松故事的主要发生地。因此，当地的武松文化使得阳谷同济宁梁山、菏泽郓城类似，成为水浒文化的重要地域之一。阳谷各处，这位打虎英雄的传奇故事广为流传，景阳冈武松打虎、狮子楼斗杀西门庆，抑或是焦香酥脆的武大郎炊饼，均能在阳谷找到踪迹。

而今，黄河下游地段形成高于地面的地上悬河，京杭运河水量锐减，逐渐丧失航运能力，曾经水运成就的繁盛商都，早已不复当年的风采。这座北国的水城，如何实现进一步可持续发展，仍然在探索的路上。

光岳楼

273

荏平 · 孔子回辕处

地址：山东省聊城市荏平县博平镇三教堂村
交通：坐出租车或自驾前往
门票：免费
文保等级：
推荐评级：★

自楚国之后，孔子便踏上了归程。

"富贵不归故里，如锦衣夜行"，这大概是中国古人的一种普遍的故乡观吧。相较于那些诸如"威加海内兮归故乡"之类的豪迈之语，孔子的回乡，却显然暗淡得多，连太史公对此的落笔也只是寥寥几画。

孔子既不得用于卫，将西见赵简子至于河，而闻窦鸣犊、舜华之死也，乃还息乎陬乡，为作《陬操》以哀之。

就是这短短的一句话，却展现了孔子自卫返鲁的心路历程。

卫国，这个地处黄河中下游的诸侯国，充当了孔子周游列国的起点与终点。55岁，早过了知天命之年的他却意气风发，带领弟子，西入卫国，来施展自己的政治抱负；而到年逾古稀，当周游诸国、历尽千辛后的孔子再一次到达卫国时，虽然表面上受到卫灵公的礼遇，但背后却是无尽的冷漠。加之三年的留卫期间，孔子以他为政的洞察力，早已发现卫国的骚乱与国君的无能，这与孔子构建大同社会的憧憬显然是背道而驰的。春秋末期，大国当属晋国。虽然一代霸主晋文公已经作古，但晋国霸气仍存。博览史书的孔子自然对这个中原大国抱有憧憬，在留下来的相关资料中，不难看出他对游历晋国的向往。然而他最终也没有西渡黄河，前往晋地。从史籍来看，孔子是因为"而闻窦鸣犊、舜华之死也，乃还息乎陬乡"的，窦鸣犊、舜华都是晋国的贤者，赵简子作为晋国重臣，不仅心存野心，还有嫉贤之害。

这是孔子对时事的失望，对大时局下礼崩乐坏的痛心。这是他对自己道义的坚守，不同于一味汲汲于功名的小儒。孔子所秉持的儒家，积累了一整套为人处世的原则：既志在恢复秩序，用于朝廷，又严格遵守君子之风，不与同自己道义相悖的"浊事"同流合污。

"美哉水，洋洋乎！丘之不济，命也夫！"夫子立于黄河之畔，发出了无奈的叹息。后世为纪念孔子返驾之处，将此渡口改名曰"鸣犊"，并立石刻"孔子回辕处"记其事。然而后因黄河改道，圣迹不存，现仅存博平镇的清代石碑，碑身在茌平县博平镇北11里三教堂村，正面楷书阴文写有"孔子回辕处"。历经岁月的沧桑，碑身已经显露出遭到腐蚀后的斑驳迹象。而"犊河圣迹"被评为博平古八景之一，历史尘埃中的孔子虽未能在政治上得偿所愿，但愿后人的纪念能让他聊以慰藉。

孔子回辕处

　　"孔子回辕处"石碑位于山东省聊城市茌平县博平镇三教堂村内。据说石碑为清代所立,正面上书"孔子回辕处"五个大字,楷书阴文,上款刻有"大清乾隆十三戊辰夏季吉日重立"。奇怪的是,石碑下款并没有立碑者署名,可能是因为年久损坏而导致无法辨认。

孔府家宴

　　我们前面曾经说到 ,曲阜这座小城 ,早已与孔子文化紧密相连。在曲阜，游的是"三孔"遗存，吃的便是孔府菜。由于孔府在朝代更替中影响微小，因此孔府家宴中的孔府菜得以保全。孔府菜是乾隆时代的官府菜品，其中又分为宴席菜和家常菜两类，宴席菜于接待贵宾、婚丧嫁娶等重要场合应用，菜品繁多而造型精致；家常菜则要随意得多，在孔府的日常食谱中，甚至还常见流传民间的特色小吃。一繁一简，一雅一俗，演绎着中华饮食文化的博大精深。

　　如今若想吃到一桌地道严谨的孔府宴席，基本已成奢望。在曲阜，大多数餐厅只选择烹饪几种常见的孔府菜肴。孔府菜吃的是文化，每道菜都有讲究的名字和造型，很多还应用了与孔子相关的名言故事。在众多的孔府菜中，"一品豆腐""翡翠虾环"等都是最受欢迎的菜肴。特别是"一品豆腐"，朴素的豆腐搭配上品种繁多的各种滋补佳品，滋味在相互补充中得以升华；曲阜一带还有豆腐宴，足可见当地人对于豆腐食材的喜爱程度。

其实，孔府菜并不拘泥于多样的各色菜肴，倘若兴之所至，大可以叫上一瓶孔府家酒佐食而饮。孔府家酒是一种低度白酒，最初来源自孔府内部的私家酿酒。孔府酿酒始于明代，原本专为祭祀，后随明清孔府的兴盛，为了便于加强与各路达官贵人的关系往来，孔府家酒逐步转为宴席用酒。如今曲阜的孔府家酒也已受到国内外消费者的广泛好评。或许谁也不曾想到，这些原本是家族内部的私家酒酿，正在一步步地走向全世界。

孔府家宴

曲阜·息陬村

地址：山东省曲阜城东南5千米处
交通：曲阜火车站坐 K05 路至妇幼保健院站
　　　下，换曲阜 K01 路至息陬站下
门票：免费
文保等级：
推荐评级：★

列国走遍，孔子又踏上了鲁国的故土。十四年的奔波，增添了孔子的白发，改易了故乡的容貌，也变换了鲁国的朝堂，然而却没有改变政治混乱、礼崩乐坏的格局。虽然鲁人尊孔子为国老，他初返国门，便以要事相商，但尊礼的表象掩不了内部的争权夺利。到头来，统治者的盛情，终究逃不过虚与委蛇。然而这又何妨？见惯了礼乐崩、周礼废的乱世，习惯了被弃置的处境，孔子神伤之余，内心仍旧豁达开朗，比起年轻时的踌躇满志，这时的他，因看惯了秋月春风而洒脱。

孔子返鲁的终点——息陬，仍存于曲阜城的东南。息陬村现已成为息陬镇政府驻地（2010 年 7 月，息陬乡撤乡设镇，更名为息陬镇），分为东息陬、南息陬、西息陬、北息陬四个行政村。而今的息陬，历经岁月洗礼，已经成为曲阜的交通重镇：曲阜至尼山的曲尼公路从村子南端穿过，孔子大道（京沪高铁曲阜连接线）从村子中部贯穿东西；而息陬村东 500 米，便是京沪高铁六个精品站之一的京沪高铁曲阜东站。当然，息陬村至今仍保存孔子时代留下来的古迹，"还辕桥"现存于息陬村的西北角。相传鲁哀公十一年（公元前 484 年），孔子师徒一行还辕息陬时从此而过。桥名就取于孔子《息陬操》中的"临津不济，还辕息陬"之句。现在我们能见到的还辕桥是道光二十六年（公元 1846 年）重修建筑的，现在还保存有重修还辕桥施财题名碑一块。桥北旧有春秋书院，始建于宋，相传是孔子作《春秋》的地方。

孔子返鲁之后，息陬之地也渐渐地淡出人们的视野，今天的息陬仍聚集有大量的孔姓居民在默默地耕耘、静静地守护着孔子留下的文化。这其中，有孔子一脉留下的后人，也有许多改姓为孔的人。其中有一支被传为明朝万姓族人。据说息陬有名万石万者，广有田产，家盖高楼，这个老万让母亲站在楼上观看，并扬言其母看到哪里，哪里就会成为他家的地。谁知道母亲怜悯穷人，就说只看到楼下一小块地。一怒之下，万石万不慎将母亲从楼上推下摔死。不久万家便忽遭天火，家产烧光，家道从此败落。万石万死后，子孙们羞于他的口碑，就改姓孔。这类民间传说除了有引人注目的戏剧性之外，孔子对后世的道德影响，倒也可以从中窥探一二。

息陬村孔子像

曲阜息陬村历史悠久，相传古时叫韩家庄，春秋时才开始以息陬来命名。据说当年孔子周游列国在卫国不受重用，想要西见赵简子，却听说窦鸣犊、舜华去世的消息，于是"还息乎陬乡，为作《息陬操》以哀之"。至今息陬村西北角还有"还辕桥"一座，传说是当年孔子师徒一行还辕息陬时所过之桥。此桥于道光二十六年（公元1846年）重修，现在还保存有当年重修还辕桥施财题名碑一块。

284

曲阜·洙泗书院

地址：山东省曲阜城东北4千米处

交通：曲阜火车站坐曲阜9路或K09环线至游客中心站下，换曲阜11路或K11路至北转盘站下

门票：免费

文保等级：山东省文物保护场所

推荐评级：★★

政治上的抱负估计已无力施展，孔子把最后的时间用于创办教育与整理文献典籍。子夏、子游、子张、曾参等弟子，都是这一时期孔子收徒的代表。而历经了十四年的流离，孔子的教育体系，也在悄然发生着变化。孔子甚至自己也曾指出，"先进于礼乐，野人也。后进于礼乐，君子也。如用之，则吾从先进"。这其中的先进后进，其实就是指孔子出游前收的弟子

及归鲁后的弟子。出游之前，孔子是满怀着治国主张的，因而偏重于用世，讲究大体之方略；归国之后，孔子把更多的精力放在了治学明道、整理典籍之中，重在内心的造化。先进用世、后进传道，孔子，则是两者的集大成者。

追溯两千年前的世界，反映这一时期孔子生活轨迹的，是曲阜城东北四千米处的洙泗书院故址，相传书院是孔子当年归鲁后讲学、删诗书、完礼乐、整理古籍的地方。旧时曾称"孔子讲堂"。元初，讲堂已毁，"故基化为禾黍"，后孔子55代孙、曲阜县尹孔壳钦出资重建，又因"泗水经其北，洙水带其南"的地理位置，讲堂改称"洙泗书院"。如今的洙泗书院恐怕可以称得上是中国历史上时间跨度最长的书院了。中国的书院体制大致源起于唐代，但是洙泗书院的历史却已有2500年之久；同时，洙泗书院还应该是利用度最低的古代书院。自孔子之后，也没有人敢在这位圣贤之后另辟讲堂。然而，洙泗书院，又不得不成为书院文化的始祖：正是因为孔子这个文化巨人，在仕途不顺之时能够另辟蹊径，建立私学，从事学术教育，才让后辈人士茅塞顿开、继承儒家衣钵并将此发扬光大。

洙泗书院所依傍的洙泗河，是真正的华夏之端。泗水发源于沂蒙山脉，源头在泗水县的泉林镇，也是人文初祖伏羲降生之所——雷泽；洙水作为泗水的一条支流，作用却不减分毫。七千至五千年前，伏羲氏、女娲氏、炎帝、黄帝、少昊帝一脉相承，龙凤图腾肇始于此。而今的洙泗河畔，存有大量的上古遗迹与远古遗存，大汶口遗址、龙山文化，早已成为石器时期典型的考古佐证。可以说，这里孕育了中华最初的文明，滋养了能够传承千年的文化脉络，这应该算是华夏文明建立的心脏。曲阜这一块宝地，滋养了孔子这样的巨人，滋养了儒家文化，其实更是滋养了全部炎黄子孙！五千年前，炎黄祖先在此繁衍后代；三千年前，礼乐之制已逐渐成熟；两千年前，儒学得到广泛传播；三四百年前，贾凫西、孔尚任，他们的剧作，又成了一个时代的标志。

洙泗书院

　　洙泗书院位于山东曲阜城东北4千米处。因南临洙水、北临泗河，故名"洙泗书院"，传为孔子修书讲学的地方。根据史料记载，孔子返鲁之后，便在此删诗书、定礼乐，聚徒讲学，自得逍遥。汉代至宋金称之为洙泗讲堂，元代后改称为书院，并于讲堂旧址重建殿、堂、门、庑等建筑，并设山长一人奉祀；后又经多次重修，形成如今我们所见书院的规模。

曲阜·春秋书院

地址：曲阜城南6千米息陬村西北角

交通：曲阜火车站坐9路或K09路环线至汽
车站下，换C609路至文化广场站下，
换邹城213路至马庄站下

门票：免费

文保等级：曲阜市级文物保护单位

推荐评级：★★

公元前481年，即鲁哀公十四年，距离孔子返鲁，
已过了整整三个年头。这三年，对于已至古稀的孔子
而言，大约是麻木的。十四年的时间，可以让国君易
位、朝堂更替，却改不掉礼崩乐坏的历史格局。季氏
的独断、哀公的无能，再加上妻死子丧这接二连三的
打击，这个老翁，的确是有些扛不住了。值得庆幸的

是，孔子这个类似于"国家顾问"的闲职虽看似是个"无事忙"，却让他得以接触国家最高图书馆的机会，也让他收获了另一件"名垂后世"的礼物——《春秋》。在这部开创了中国史学"春秋"笔法的巨著中，孔子把治国之理、处世之论隐晦于简短得不能再简短的语句中。历史既可以是扇明镜，它可以劝告国君，夙兴夜寐、勤理政事；也可以是一个树洞，借"曲笔"表达作者不敢明说又不得不吐的价值判断。

至今在鲁国古都曲阜还有一座后人建造的春秋书院，用以纪念孔子晚年致力于编纂《春秋》的事迹，清一色的绿瓦砖墙，古色古香，颇透露出历史的遗风。殿内正中神龛供奉的是至圣先师孔子牌位，正中悬挂的清雍正十一年（公元 1733 年）横匾一方，上书"春秋书院"四个大字。殿前有卷棚 3 间，东西配房各 3 间，内供奉十二哲及七十二贤的牌位，这一系列设置倒是和其他纪念孔子的历史古迹一般的套路了。

春秋书院

　　春秋书院相传是孔子编写鲁国史《春秋》的地方。

　　书院有红色围墙，南北长42米，东西长35米，宋代始建，明清两朝重修。1934年，书院曾改为明德小学校址。

　　景区最著名的是大门外东侧的石碑，上面写的是"孔子作春秋处"几个大字，相传这就是孔子当年编纂《春秋》的所在，为公元1771年（清乾隆三十六年）立。虽然石碑没有什么特别的雕刻，仅有几个大字也略显简陋，但是却因为这特殊的历史背景而闻名。在曲阜，从前有四大书院，即洙泗书院、尼山书院、春秋书院、石门书院，而春秋书院居以首位，名气也最大。

　　现书院旧址保存有石碑一通，上书"孔子作春秋处"，成为景区的标志性景点。

孔子作春秋处

西狩获麟，春秋绝笔

巨野

　　孔子西狩获麟之地位于今菏泽辖区的巨野县东，地处鲁西南大平原腹地，因古有大野泽，因而得名曰"巨野"。

　　麒麟台为纪念孔子获麟的传说而兴建。相传孔子遇麟而伤，因而中断了春秋的写作。关于传说的真实性我们暂且打一个问号，但孔子获麟的流传，足以说明春秋时期巨野一带鲁人的相关活动。而事实上，巨野恰巧地处鲁国西境，西与宋、北与齐地相连，因而在先秦时期具有重要的战略意义。位于县城西郊大李庄村北的春秋齐鲁会盟处证明了先秦时期巨野地理位置的险要。"齐鲁青未了"，齐与鲁，是山东地域在漫长的历史演替中最为璀璨的双子星。饱受了千年风霜的巨野齐鲁会盟台，正是齐鲁两种文明友好互通的象征。然而，随着兼并战争的愈演愈烈，鲁国国势日益衰微，相对应的则是齐国的逐渐蚕食，巨野这座曾经见证两国和平互信的边陲城市，最终被纳入齐人的版图。

除却春秋的风云变幻，巨野也曾是上古战神蚩尤的墓冢所在地。蚩尤身材高大、孔武有力，是一位与炎黄并称的上古战神。由于巨野当地地质构造的不稳定，蚩尤墓呈现不断缩小之趋势，当地政府几次进行了抢救性修复，加强对文物遗存的巩固保护。

　　鲁西地区英雄好汉众多，单就菏泽而言，从战国军事家孙膑，到隋唐时期单雄信、徐茂公这样的名将，或者像黄巢、宋江这般的起义军一直为人津津乐道；就连时至今日，街头巷尾，闲暇之余更是人人习拳，这或许是蚩尤精神给予包括巨野在内的鲁西地域的豪迈品格与义士风范吧。

巨野风光

巨野·孔子获麟台遗址

地址：山东省菏泽市巨野城东7千米，今麒麟
镇陈胡庄以东、后冯桥以北大洼内
交通：坐出租车或自驾前往
门票：免费
文保等级：山东省文物保护场所
推荐评级：★★

《春秋》对鲁国及其周边国家历史的记载到了鲁
哀公十四年便戛然而止了。而接下来的几年，孔子的生
活并没有发生特别大的起伏，只有"获麟绝笔"的故事
广为流传，比如李白在《古风诗》中就有"希圣如有立，
绝笔于获麟"的诗句。《史记》记载有这则具有神话色
彩的"获麟"故事：据说在鲁哀公十四年这一年春天，
鲁哀公带领群臣狩猎。叔孙氏车子鉏商获兽，以为不祥。
孔子看到了，便说这是麟，又说"河不出图，雒不出书，
吾已矣夫！"用今天的语句大体翻译一下，就是"没有

河图（圣明的君王），我已经没有希望了"。

鲁哀公西狩获麟处在今天山东巨野县，唐武德四年，巨野还一度因此改名麟州。今天巨野城东 7 千米处（今麒麟镇陈胡庄以东、后冯桥以北大洼内）仍有孔子获麟台遗址，亦称麒麟台、获麟冢，为县级名胜古迹重点保护单位。明嘉靖十四年济宁州通判张九胥重修的麒麟碑，至今仍立于曹济公路旁。

西狩获麟，得到这样一匹瑞兽，何以能中断《春秋》的写作呢？一种解释认为孔子是感麟而伤，传说在公元前 551 年（鲁哀襄公二十二年），孔子的母亲颜征在怀孕后祈祷于尼丘山，遇一麒麟而生孔子。孔子遇麟而生，现在又见麟死，便认为是个不祥之兆，立即挥笔为麒麟写下了挽歌：

唐虞世兮麟凤游，今非其时来何求？麟兮麟兮我心忧。

然而挽歌并没有起到应有的效用。后来孔子唯一的爱子孔鲤早逝，孔子则于鲁哀公十六年（公元前 479 年）与世长辞。

另一种解释是孔子认为麟是"仁兽"，要到太平盛世才出现，而现在的鲁国的局面，以孔夫子的标准衡量，根本不是太平盛世，麟出非其时而被猎获，所以伤感之情溢于言表。于是写下"西狩获麟"这句话之后，就停笔了。

显然，第二种解释更配得上孔子这样的文化圣人。

麒麟台遗址

　　麒麟台，亦名获麟台，古称获麟古冢，地处巨野城东7千米——今麒麟镇陈胡庄以东、后冯桥以北大洼内，是为纪念孔子"西狩获麟"的典故而兴建起来的。获麟台东西长73米，南北宽52米，占地面积约3800平方米，原有唐代石碑数座，然而今已不复存在。到了明嘉靖年间，济宁州通判张九胥重修麒麟碑一座，至今仍立于曹济公路旁，游客可以一观。

尾声

提到孔子，人们印象最深刻的，是『三孔』；拜访曲阜，首先要去的，也是『三孔』。孔子生前的足迹淹没于历史的长河，反倒是这死后的建筑方世留留名。『三孔』影响之深度，足可显见于描写孔子的各类传记、游记之中。1959年郭沫若先生来曲阜游孔林时曾说过的一句话，颇能给我们一些启发：『这是一个很好的自然博物馆。』也是孔氏家族的一部编年史。」孔子逝世，最先营造的』是孔林；到今天为止，仍在不断被充实着的，还是孔林。由孔林始，到孔林止，将另外『二孔』融入其中进行叙述，倒是一个不错的选择。

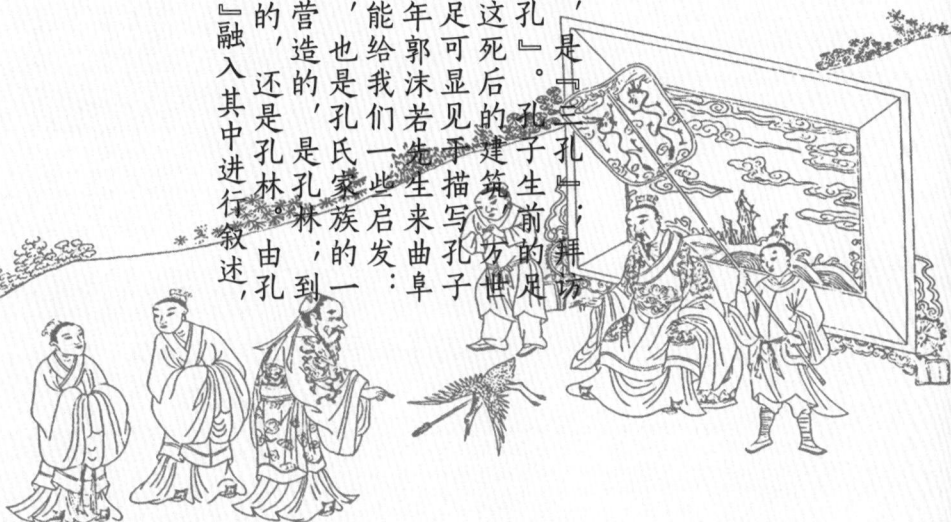

三孔

曲阜·孔林

地址：山东省曲阜市区北 1.5 千米处
交通：曲阜火车站坐曲阜 9 路或 K09 路环线
　　　至游客中心站下，换曲阜 1 路至检测
　　　站站下
门票：旺季 40 元，淡季 30 元（三孔联票 140 元）
文保等级：世界文化遗产
　　　　　全国重点文物保护单位
　　　　　AAAAA 级风景区
推荐评级：★ ★ ★ ★

　　哀公十六年，孔子永远闭上了双眼，葬鲁城北泗上。七日前，子贡见孔子，孔子歌曰："太山坏乎！梁柱摧乎！哲人萎乎！"又言："天下无道久矣，莫能宗予。"这大概是垂危孔子对自己的爱惜吧。而子贡，成了最后能够聆听老师心声的弟子，也是他，在其他弟子服丧三年纷纷离去后，只身一人在老师墓旁搭了座小棚子，守墓六载，方愿离去，成就了一段师生间的佳话。至今，曲阜孔林圣冢旁还有这样一处景点，名叫"子贡庐墓处"，就是为了纪念子贡守墓的事迹。后因子贡为孔墓所植皆楷树，世人便发明了"楷模"一词，来表彰这位圣徒。据说每年的9月28日前后大祭孔子时就会湿漉漉地挂满了一串串水珠，酷似一个悲痛欲绝的人正在流泪。

孔子一生以克己复礼为己任，对于生死这样的大事，自然是十分挂怀的。对于丧葬礼，孔子认为"礼"是表达情感或态度的方法、手段，而葬礼所表现的内容是哀之情、敬之意，是对生前的评论。《史记》记载了孔子的身后事，他的学生服丧三年或六年，学生与鲁人纷纷为之守墓，结果围绕孔子墓园形成了百余户规模的村庄，"因命曰孔里"，鲁国上下更是"世世相传以岁时奉祠孔子冢"，而各国的儒家学者也相约在孔子墓前举行乡饮酒礼与射礼。直到两百年后，有一位皇帝在曲阜看到这样的景象：

高皇帝诛项籍，举兵围鲁，鲁中诸儒尚讲诵习礼乐，弦歌之音不绝。

与孔子墓毗邻的还有两座大型的墓冢，分别是其子孔鲤及其孙孔伋的长眠之处。孔子的爱子在孔子生前就已早逝，在儒学发展史上只是划过夜空的流星；

而孔伋，在属于他的八十二年的光阴里，将儒学发展至新的高度。孔伋字子思，尊称"子思子""述圣"。他与孔子、孟子、颜子、曾子比肩，共称为"五大圣人"。而旧时以子思、孟子、颜子、曾子配祀孔子于孔庙，所以又与孟子、颜子、曾子并称"四配"。据说儒学经典之一的《中庸》就是出自孔伋之手。虽然这个结论无从考证，但至少证明子思的不凡地位。旧说孔伋还有一个突出贡献——他的再传弟子，也就是"亚圣"孟子，使儒学更加体系化，将儒学之教义更巧妙地融于政治，使儒学在纷杂的战国争鸣中，获得较高地位，逐渐成为显学。

孔林的"林"，是一种丧葬等级，如同帝王墓称为"陵"，人们把圣人的墓称为"林"。而在中国浩浩历史长河中，有且仅有两人能够在死后担此殊荣，他们一个是武圣人关公，另一位就是文圣人孔夫子了。与关林直至清代始命名不同，孔林自建成起，便不断地扩充，"弟子各以四方奇木来植，故多异树，鲁人世世代代无能名者"。柏、桧、柞、榆、槐、楷、朴、枫、杨、柳、檀、女贞、五味、樱花等各类大树，盘根错节，枝繁叶茂；天麻、何首乌、当归、野菊、半夏、柴胡、太子参、灵芝等数百种奇花异草，葳蕤争荣。时至今日，孔林内的一些树木人们仍叫不出名字。这些奇树异花散发的特殊气味，赶走了喜欢"择墓而居"的乌鸦，使得孔林出现了无乌鸦光顾的古墓园。孔林而今古树参天，当真成了真正的"孔林"。

孔夫子也许不会想到，仅仅数十年，他所传授的儒学就已成为显学。更不会想到自己被当时为政者废弃的学说能与中国封建制度紧紧地联系在一起，自己也被帝王封为文宣王之类的尊称。而这个一直被外人冷落之地，反倒是在其主人离去后，变得空前的繁荣……

孔子墓

孔林

　　孔林是孔子及其家族的墓地。据说孔子死后，其弟子们把他葬于鲁城北泗水之上，后来随着孔子地位的日渐提高，经过几代统治者的捐资营建，孔林的规模越来越大。据统计，自汉以来，历代对孔林重修、增修过13次，增植树株5次，扩充林地3次。到现在，孔林周围垣墙长达7.25千米，墙高3米多，厚约5米，总面积为2平方千米，比整个曲阜城都要大得多，也因为这样，孔林对研究我国历代政治、经济、文化的发展和丧葬风俗的演变有着十分重要的价值。

　　孔林内古树众多，其中柏、桧、柞、榆、槐、楷、朴、枫、杨、柳、檀、女贞、五味、樱花等各类大树随处可见，古树之下，孔林每天都会接待大量游客前来祭拜孔子，缅怀先贤。

曲阜·孔庙

地址：山东省曲阜市区
交通：曲阜火车站坐曲阜9路或K09路环线
　　　至孔庙南门站下
门票：旺季90元，淡季60元（三孔联票140元）
文保等级：世界文化遗产
　　　　　全国重点文物保护单位
　　　　　AAAAA级风景区
　　　　　中国三大古建筑群之一
推荐评级：★ ★ ★ ★ ★

　　孔子死后的第二年，鲁哀公将孔子在曲阜的宅子改建为庙，每年在此举行纪念活动。生前是不被重用的闲人，死后却被施以重礼，孔子的学生自然不买这个账。《史记》对这一段历史做了阐述：

　　哀公诔之曰："旻天不吊，不慭遗一老，俾屏余一人以在位，茕茕余在疚。呜呼哀哉！

306

尼父，毋自律！"子贡曰："君其不没于鲁乎！夫子之言曰：'礼失则昏，名失则愆。失志为昏，失所为愆。'生不能用，死而诔之，非礼也。称'余一人'，非名也。"

大概的意思，主要就是批评鲁公言行不符。孔子生前曾提出"正名"的观点，这段话也为后世儒生们所用：

夫名不正则言不顺，言不顺则事不成，事不成则礼乐不兴，礼乐不兴则刑罚不中，刑罚不中则民无所措手足矣。夫君子为之必可名，言之必可行。君子于其言，无所苟而已矣。

名义不正，言行就不通顺，这样就会导致事情做不成，孔子推崇的礼乐体系就无法兴盛，法律无法公平地适用，百姓就没有可以赖以参照的标准，随即带来的是是非不分、秩序不明的前所未有的大混乱。

虽然鲁公营建孔庙遭到爱孔之人的抵制，却无意中播下了这延续两千余年、至今仍热情不减的敬孔、祭孔的传统。至今，曲阜"三孔"中最负盛名的孔庙，就是在鲁公最初纪念孔子的旧址上不断修筑的。孔庙，又称"阙里至圣庙"，始建于鲁哀公十七年（公元前478年），是中国渊源最古、历史最长的一组建筑物，也是海内外数千座孔庙的先河与范本，它被我国著名建筑学家梁思成称为世界建筑史上的"孤例"，现在更是成为世界文化遗产、中华人民共和国全国重点文物保护单位，与北京故宫、承德避暑山庄并称为"中国三大古建筑群"。

孔庙之所以形成如此规模，这与儒学在中国历史上发展脉络是具有一致性的。东周以后，历史上有明确记载的祭拜孔子的第一人，是大汉王朝的开国帝王汉高祖刘邦。高祖十二年（公元前 195 年）十一月，高祖刘邦自淮南还京，经过阙里，以太牢祭祀孔子，开皇帝亲祭孔子之先。刘邦这种草根出身的地地道道的农民皇帝，曾经当着众人面在儒生的帽子里撒尿，而当他途经曲阜之时，还是要亲自到孔庙拜祭，从中足以看出汉初孔子的地位已经比较重要了。而真正改变儒学命运的是大汉朝另一位皇帝，这便是武帝刘彻。汉代大儒董仲舒的《举贤良对策》之第三策中的下一段话：

《春秋》大一统者，天地之常经，古今之通谊也。今师异道，人异论，百家殊方，指意不同，是以上亡以持一统；法制数变，下不知所守。臣我以为诸不在六艺之科孔子之术者，皆绝其道，勿使并进。邪辟之说灭息，然后统纪可一而法度可明，民知所从矣。

在董仲舒看来，那些与儒家相背离的学说，理应为儒学的独尊铺平道路。这就演化成至今我们熟知的"罢黜百家，独尊儒术"的治国方略。由此之始，儒学真真正正与政治相容，成为政治上的正统、思想文化的主流。虽然经历了南北朝的混乱及佛教、道教的入侵，儒学仍在曲折中占据上风。真正的儒学家是灵活通变的，根据时事的需要，儒学可以"天人合一"，实现儒学的"神秘化"；它可以"格物而致知"，形成儒学的"哲学化"。中国自汉代以来，到曲阜祭孔的帝王难以计数，对孔子的尊称，也是不断累加。自鲁哀公称孔子为"尼父"，而后两千余年中，孔子得到大大小小的十几个尊称，元朝将儒学作为官学，更把孔子称为"大成至圣文宣王"，使孔子的哀荣及儒学的地位达到了巅峰。后明张璁认为称王"名不正言不顺"，才把"王"取消，民国时期称孔子为"大成至圣先师"。

我们而今所见到的孔庙，多半是明清时期的建筑。明弘治年间和清雍正年间，由于火灾，曾对孔庙大规模修建，前者历时五年，后者六年。至今孔庙占地 327 亩，前后九进院落。庙内有殿堂、坛阁和门坊等 460 多间。四周围以红墙，四角配以角楼，是仿皇宫样式进行修建的。跟其他古代建筑群一致的是，整个孔庙的建筑群也是以中轴线贯穿，左右对称，布局严谨，共有九进院落，前有棂星门、圣时门、弘道门、大中门、同文门、奎文阁、十三御碑亭，从大圣门起，建筑分成三路：中路为大成门、杏坛、大成殿、寝殿、圣迹殿及两庑，分别是祭祀孔子以及先儒、先贤的场所；东路为崇圣门、诗礼堂、故井、鲁壁、崇圣词、家庙等，多是祭祀孔子上五代祖先的地方；西路为启圣门、金丝堂、启圣王殿、寝殿等建筑，是祭祀孔子父母的地方。全庙共有五殿、一祠、一阁、一坛、两堂、十七碑亭、五十三门坊，共计有殿庑四百六十六间。

当然，整个孔庙中最雄伟的建筑要数大成殿了。用重檐九脊、黄瓦飞彩、斗拱交错、雕梁画栋、周环回廊、巍峨壮丽等词来形容，也难以描绘大殿的神采。顺巨型的须弥座石台基而上，是用深浮雕云龙纹雕刻的擎檐的石柱。大殿正中，是康熙御书的"万世师表"巨匾；孔子的塑像正立其中，七十二弟子及儒家的历代先贤塑像分侍左右。没有佛教寺院的香火圣音，没有道教神观的神秘夸张，明清后的儒学，更多地成为士人考取功名的敲门砖。而今的孔子，更多地被圣人化，甚至是有些神人化了。他已绝不仅仅是儒学的开创者，不是那个心存梦想却又郁郁寡欢的老人，更多地，他成为中国文化的代言者、一个标志，甚至在这样一个竞争压力空前的时代里成了人们追求上进的"保佑神"。这也许是历史和时代的力量吧。他可以让在世的孔子心怀忧愤，也可以使离世的孔圣人步入神坛。世间就有这么多的巧合，在孔庙，与神坛上的孔子相对的不远处，则是一个"入世"的孔子。

杏坛，孔子讲学处，展现了孔子身为私学开创者的另一番世界。真正的孔子讲学处现在已经无证可考，只留此地以为纪念之所。北宋天圣二年（公元1024年）在此地建坛，在坛周围环植以杏，以纪念孔子杏坛讲学的历史故事。金代又在坛上建亭，大学士党怀英篆书的"杏坛"二字石碑立在亭上。明隆庆三年（公元1569年）进行重修，呈今日我们所见之杏坛。杏坛是一座方亭，重檐，四面歇山顶，十字结脊，黄瓦飞檐二层，双重斗拱。亭内藻井雕刻精细，彩绘金龙，色彩绚丽。"独有杏坛春意早，年年花发旧时红"，这是文人墨客对杏坛的写照，更是对孔子这位先师的追忆。

　　整个孔庙，也许真正被游人记住的，不是威严华贵的庙宇，而是这随处可见的古树和石碑、石刻。两千载的时光，足以使树木成材，孔庙里，汉柏、唐槐、宋银杏……他们见证了朝代的更替、历史的沧桑，更见证了孔庙千载的繁荣。至今，曲阜孔庙大成门旁存有一棵桧树，这就是著名的"先师手植桧"，相传是孔子亲手所栽；虽因战火和自然原因多次枯死，然而每每春来之时又萌生新芽。现在所见的是清雍正二年复生长成，距今已有300多年的树龄了。古树见证了孔庙两千多年的历史，而其顽强的生命力冥冥之中也象征着孔子开创的儒学，虽浴诸遭劫难，却仍延绵不绝。

　　孔庙另一景就是众多的古碑了。由于儒学长盛，孔庙在历代都处于十分重要的位置，各地名望较大者，甚至是帝王将相，都曾在此树碑。其中比较有名的有露天的"重修孔子庙碑"，为明宪宗朱见深所立。碑文极力推崇孔子思想，"朕唯孔子之道，有天下者一日不可暂缺"。字为楷书，书体端庄，结构严谨，以精湛的书法著称于世。石碑立于成化四年（公元 1468 年），习称"成化碑"。大人小小的石碑，虽然年代不同，字体及碑身风格不同，但大多数石碑都有一个共同特点，就是以神兽驮碑。根据记载，这一神兽被称为"赑屃"，相传为龙之子，汉族神话传说赑屃在上古时代常驮着三山五岳，在江河湖海里兴风作浪。后大禹治水时收服了它，它服从大禹的指挥，推山挖沟，疏遍河道，为治水做出了贡献。治服洪水了，大禹担心赑屃又到处撒野，便搬来顶天立地的特大石碑，上面刻上赑屃治水的功绩，叫赑屃驮着，沉重的石碑压得它不能随便行走。赑屃又称龙龟，是长寿和吉祥的象征。它总是奋力地向前昂着头，四只脚顽强地撑着，稳步向前走而不停步。因此在中国古代，古人给死后的帝王圣贤树碑立传、歌功颂德时，常将巨大的石碑立于赑屃背上，意在依靠其神力，使往生帝王圣贤的功绩精魂经久不衰、千秋永存。

孔庙

孔庙是我国历代封建王朝祭祀孔子的庙宇，是一组具有东方建筑特色、规模宏大、气势雄伟的古代建筑群，具有极高的美学价值。全国各地都修筑孔庙，而曲阜孔庙则是这其中祭祀孔子的本庙，与南京夫子庙、北京孔庙和吉林文庙并称为"中国四大文庙"。孔庙始建于鲁哀公十七年（公元前478年），历代增修扩建，与相邻的孔府、城北的孔林合称"三孔"。孔庙内部有许多重要景点：大成殿、成化碑、杏坛等等，都是了解孔子、认识儒学所不能避开的重要景点，孔庙也因此每天迎接大量游客前来参观。

313

曲阜·孔府

地址：山东省曲阜市区、孔庙东侧
交通：曲阜火车站坐K05路至体育公园站下，
　　　换曲阜1路至鼓楼门站下
门票：旺季60元，淡季50元（三孔联票140元）
文保等级：世界文化遗产
　　　　　全国重点文物保护单位
　　　　　AAAAA级风景区
推荐评级：★ ★ ★ ★

孔府并不是孔子的住所，而是他的子孙的府邸。
初期的孔庙仅有孔子故宅三间，其后裔在简陋的故宅
中奉祀孔子，依庙建宅；而当今的孔府，则是在以后
的漫长岁月里，随着孔子地位的不断提高，才逐渐发
展扩大形成的。

历史上，孔子的嫡系子孙为奉祀孔子，住在阙里

故宅，称"袭封宅"。而随着儒学在中国政治体系中的作用越来越重要，孔子地位被抬得越来越高，其子孙官位也节节升高，孔氏住宅日益得到了空间上的扩展。北宋仁宗宝元年间（公元1038年—1040年），朝廷开始扩建孔府，孔家人封衍圣公后，另建新第，称衍圣公府。而到了明洪武十年（公元1377年），太祖朱元璋敕建新宅，并诏令其有权设置官署，这就形成了至今所见的孔府的雏形。后孔府几经火灾等灾祸，又不断重修扩建，未曾荒芜。更为重要的是，明正德至嘉靖年间，为了更好地保卫孔府孔庙，皇帝下令迁移整个曲阜县城，移城卫庙。曲阜已于2002年对明故城墙进行大规模的恢复建设。今天我们到曲阜参观旅游，仍可以看到明城墙的古迹。城墙通体以砖块筑成，共有五座城门：南门仰圣门、北门廷恩门、东门秉礼门、西门宗鲁门、东南门崇信门。恢复的城墙里面采取中空式的结构，利用空间建成众多的大大小小的博物馆，构成一条供外界参观的文化长廊；城墙内为石板马道，极具民族特色。而这一保卫孔家而生的建筑工程也成了人们祭拜"三孔"后的又一停留之处。

孔府基本上是明、清两代的建筑，也是一座典型的贵族门户之家，包括厅、堂、楼、轩等463间，共九进院落，是中国封建社会官衙与内宅合一的典型建筑，遵循着前厅、中居、后花园的严谨的布局结构：前厅处理政事，中居全家居住，而后花园则是消遣散心之所。相较于孔庙及孔林的古意，孔府则显得"年轻"得多，至今在孔府的中居，我们还能看到孔子第七十七代孙、末代衍圣公孔德成当时结婚时所用的兼具中西特色的家具。相对于孔林与孔庙的怀古追思之感，孔府里更多的是对兴衰变迁之感慨。

作为"天下第一人家"的孔府，自然是领儒礼之先，迎八方之客，往来宾朋自然是朝野权贵、儒门大家，而在宗族意识浓厚的古代中国社会，像孔氏家族这般显赫人家，缔结秦晋之好更是举世瞩目，而这其中最尊贵的莫过于与帝王联姻，这就不得不提乾隆皇帝的亲闺女了。相传乾隆女儿脸上有黑痣，算命先生说："主一生有灾，须嫁有福之人才可免去灾祸。"朝中议论，再没有比圣人后代更有福气的了，而这天下最有名望的圣人，当属孔老夫子。但由于满汉不准通婚，乾隆便让女儿认协办大学士兼户部尚书于敏中为义父，改姓于后下嫁孔家，成为第七十二代衍圣公孔宪培的夫人，做了这宅子的女主人。然而天不遂愿，下嫁民间也没有改变公主坎坷的命运。据记载，公主所生的两个亲生女儿都在幼年早殇，自己的夫君也在壮年离世。她虽然享尽荣华，却也难逃后半生寡居的凄凉孤独。至今孔林还立有一块"于夫人坊"，以纪念于氏的贞洁以及对孔家的贡献。

　　其实，孔府不仅仅是一座古代建筑的珍品，其内在也足以让今人耳目一新。《孔府档案》，这本记载孔氏家族各项活动的私家档案，起于明中叶、讫于新中国成立初，共 9000 卷，计有 25 万余件，足可在档案史上占据举足轻重的地位。档案不仅能反映孔氏家族的变迁史，更可以借之说明当时的社会风貌。纵览中国历史，大规模地研究《孔府档案》，共计有两次高潮：第一次即"文革"时期，随着"批林批孔"运动以及提倡法家思想的开展，一系列孔府档案被整理出版，从而借以支持社会变革，反对孔子保守思想；第二次则是改革开放后，进行大规模的国家古籍整理，开始全面科学地整理研究这些卷帙浩繁的档案，使之重新走入大众视野。不可否认，《孔府档案》发展进入后期，的确有许多封建宗法的影子，如严格的家族体制、"政教合一"以及封建庄园等等。封建后期中国的封建体制面临存亡之边缘，孔府这个"圣人家"也无可避免，许多学者都对此进行了批判。1920 年农历正月初四，最后一代衍圣公孔德成于曲阜降生，并在同年满百日时，袭封第三十一代衍圣公。1935 年，孔德成有感世袭爵位不宜存于民国，主动请求南京国民政府撤销"衍圣公"爵号，成为享有"衍圣公"名号的最后一位主人。后因为国民党战败迁往台湾，从此再也没能踏上故土，重回家乡。而台北的孔庙，也与大陆遥相辉映，共同缅怀孔子这位万世先师。而今的孔府，没有了昔日的主人，没有了宾客盈门的辉煌，却多了一种海峡两岸的乡情。孔子的仁礼，由于时代的变化，冥冥之中被赋予了新的含义——海峡两岸，乃至整个华夏民族的共同心理认知。

钱穆先生的《孔子传》里曾这样记载孔氏的血脉：

此下直迄于今，自孔子以来，已两千年七十余代，有一嫡系相传，此为孔子一家惟然，又若自孔子上溯，自叔梁纥而至孔父嘉，又自孔父嘉上溯至宋微子，更自微子上溯至商汤，自汤上溯至契，盖孔子之先世代代相传，可考可稽者又可得两千年。是孔子一家自上至下乃有四千年之谱牒，历代递禅而不辍，实可为世界人类独特仅有之一例。

这一点孔夫子可谓做到了极致。汉唐的盛世受世人传颂，然而却不见得刘李两家的后代散落何处，倒是孔子这位思想界的巨人能够惠泽后世，至今仍有姓名可考。孔子非王非相，没有难以计数的陪葬品或是成山的陵寝，然而当帝王们的皇陵一片落寞，还要当心盗墓贼的同时，孔林的青冢却年年有后辈人进行拜祭，这个延续2000年的家族墓葬群，正如遍地的古树，至今仍有勃勃生机。

孔府

衍圣公府俗称"孔府"，位于山东曲阜城内孔庙东侧，是我国现存唯一较完整的明代公爵府。衍圣公为孔子嫡裔子孙世袭爵位，其职责是管理孔子的祀事及孔氏的族务。

孔府现有规模形成于明弘治十六年（公元 1503 年）。清光绪十一年（公元 1885 年），大火将孔府内宅毁于一旦，因此留下的明代原物主要是内宅以外的部分建筑物，即大门、仪门、大堂、二堂、三堂、两厢、前上房、内宅门及东路报本堂等，其余则均为清代重建或增建。孔府大致分为两部分，前面是衍圣公处理事务的地方，后为孔府家眷的日常住所，内设有后花园，亭台楼阁，十分精致。孔府内藏有《孔府档案》，是研究孔氏家族的重要参考资料。

曲阜 · 再见孔林

地址：山东省曲阜市区北 1.5 千米处
交通：曲阜火车站坐曲阜 9 路或 K09 路环线
　　　至游客中心站下，换曲阜 1 路至检测
　　　线站下
门票：旺季 40 元，淡季 30 元（三孔联票 140 元）
文保等级：世界文化遗产
　　　　　全国重点文物保护单位
　　　　　AAAAA 级风景区
推荐评级：★ ★ ★ ★

　　民间流传着这样的传说，据说孔子晚年时在鲁国城北、泗水之滨为自己选好了墓地，并对修墓的人说："给我修 18 座坟，估计日后会有人来掘我墓的。"18 座大坟修好后，弟子们对他说："坟修得很好，可就是缺条河。"孔子笑了笑说："不慌，自会有秦人来挖河。"果不其然，孔子去世 250 年后，秦国灭六国，统一天下，但秦始皇却认为儒家学说与他的暴政格格相悖，对孔子恨之入骨，所以在焚书坑儒后，又有大臣建议他说："要想彻底灭孔，须在他的墓前挖条河，将他的坟墓与故宅隔开，让孔子显不了圣，先破了他的风水，后扒他的坟。"于是，秦始皇带领大队人马来到孔林，在孔林前挖了一条河（即现在的洙河），后又下令挖坟灭尸。可是孔墓一长溜排了 18 座，始皇帝便叫民工全部扒开查看，当挖到第 18 座坟后，发现一块大石。仔细一看却发现上面写着："后世一男子，自称秦始皇；扒我的坟，上我的床，颠倒我的衣裳，饮我美酒浆，走到沙丘一准亡。"后始皇帝病死沙丘，则是正好应验了孔子的预言。当然，始皇帝下令开挖的洙河，也完成了孔墓之前缺条河的最后一道工程，使孔林真正成了一块风水宝地。

传说不可全信，这也许也是后人对孔子及儒学发展繁荣而做出了解释罢了。如今的洙水河，仍然横于孔子墓前，守护着这一方水土。

孔林集中了孔子一脉的子子孙孙，这其中，有人一生布衣，死后立一方碑；有人官运亨通，从中依稀可见主人的当年豪气。至今孔林有难以计数的孔子后人的墓群，有名者甚多。然而其中有一墓冢，碑上并没有明确指出主人的名讳，只有"奉大夫户部广东清吏司员外郎东塘先生之墓"几个大字。根据各类资料，该墓的主人应是孔子的第六十四代孙，也是清初诗人、戏曲作家孔尚任的墓冢。孔尚任曾被选为御前讲经人员，撰儒家典籍讲义，在康熙至曲阜时讲解《大学》，又引康熙观赏孔林"圣迹"，康熙因而破格升他为国子监博士。面对仕途上的"知遇"，孔尚任曾表示愿为清王朝献出自身所学，为朝廷谋事；然而愿望随后便落空。当他满怀希望进京入仕之时，却不料自己还来不及显现其儒学经纶的才能便奉命随工部侍郎孙在丰往淮扬疏浚下河海口。他本期望为朝官，意在于"清华要津"，而一旦与渔人为邻、鸥鹭为伍，便又触发了他的迁客羁宦、浮沉苦海之感。虽然后来入京为官，但此后在政治上一直碌碌无为。康熙三十九年（公元1700年）三月，孔尚任写成了他一生中最骄傲却也给他带来厄运的《桃花扇》，据说一时洛阳纸贵，不仅在北京频繁演出，"岁无虚日"。然而次年三月，因《桃花扇》隐约的"反清复明"的嫌疑，孔尚任被免职，同月即罢官。"弹指十年官尚冷，踏穿门巷是芒鞋"，罢官后，孔尚任在京赋闲两年多后接着回乡隐居。康熙五十七年（公元1718年）这位享有盛誉的一代戏曲家，就在曲阜石门家中与世长辞了，终年七十岁。纵观孔尚任一生，他有中国传统儒生的通病，急于入仕，需要对当时的统治阶级进行依附；但心存自己认定的"君子之道"，力图阐明自己的想法，遵守自己的情操。由于《桃花扇》中有一定"反清复明"的思想，孔尚任没能深入孔林内部，只好居于孔林东北角，然而，正是这部损害自己一生的"败笔"，成了他立于历史浪潮中的"巨作"。

秦淮无语话斜阳，家家临水应红妆。春风不知玉颜改，依旧欢歌绕画舫。谁来叹兴亡！

李香君与侯方域的花月情根，南明的国破家亡、妻离子散，痴、情、愁、恨、怨，相互交杂，果然可称得上"传奇"！"血溅桃花灼成扇，扇去楼空几时还"，戏曲之美，就在于脱胎于时代又胜于时代，始终与时代存有差距，提供了不同于现实的虚幻：满足了观者的遐想，给了听众追梦的勇气，令世俗多了一份希望与活力。

沿着孔子的时间轴一一走来，收获的，不仅是孔子周游的奇闻逸事，更重要的是在这个过程中不断发掘揣摩孔子的心路——这是怎样的一颗孤独又有灵魂的心啊。孔子留下的财富，并不是孔家一家一姓之事，而是影响了整个中华的遗珍。当我们行事之时，想起了祖先的波折与奉献，我们对于未来，必将抱有前进的信念！这是我们重温孔子一生所领悟到的，更是我们中华五千年文明滋养的积淀。

至圣林